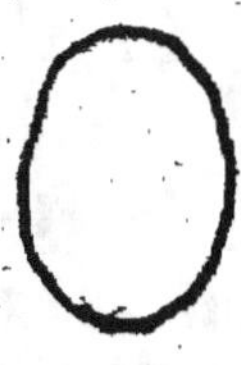

PROCEDURES
CURIEUSES
DE
L'INQUISITION
DE
PORTUGAL
CONTRE
LES FRANCS-MAÇONS.

Pour découvrir leur SECRET, avec les Interrogatoires & les Réponses, les Cruautés exercées par ce Tribunal, la description de l'intérieur du S. Office, son Origine, & ses Excès

DIVISE'ES EN TROIS PARTIES,

Par un Frère MAÇON sorti de l'Inquisition.

Revuës & publiées par L. T. V. I.
L. R. D. M.

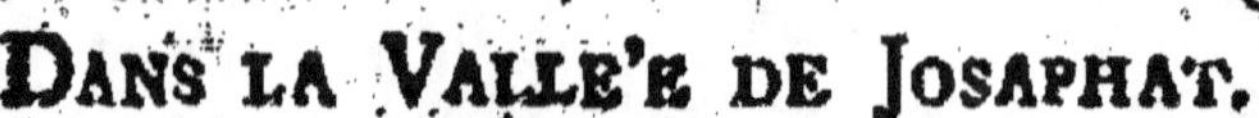

DANS LA VALLE'E DE JOSAPHAT.

L'An de la fondation du Temple de SALOMON,
MM. DCCC. III.

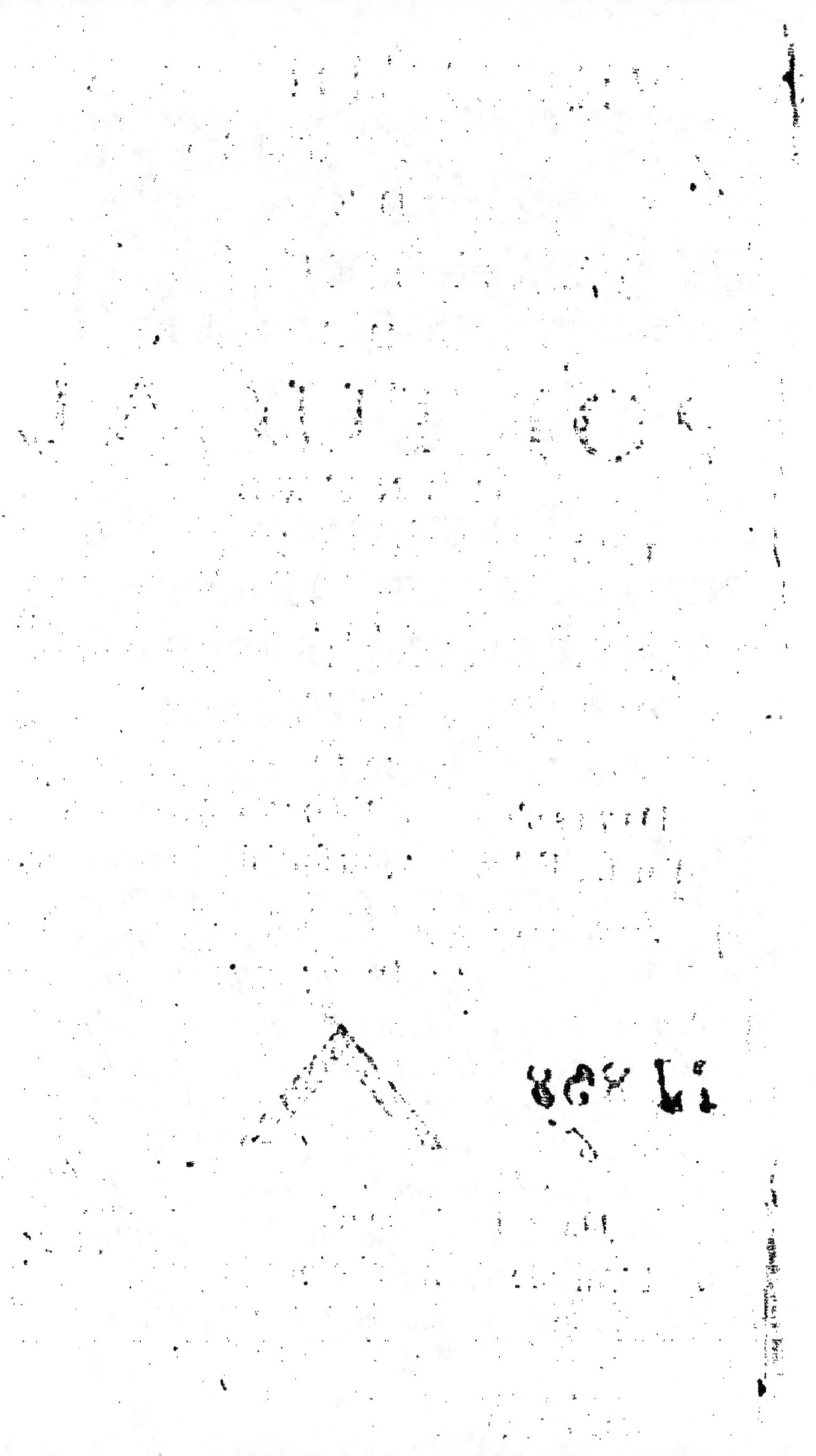

AUX

Tres Venerables, Venerables et Honorables Freres, repandus sur la Surface de la Terre &c.

Tout vrai MAÇON doit, avant de travailler, avoir soin de bien examiner le Terrain, & après s'être assûré de sa solidité, jetter les fondemens, suivant les règles, qu'il a reçû de ses Maitres. A mesure que ses travaux avancent & s'élévent; il faut, pour éviter les injures du tems & des orages, qu'il ait un égal soin de couvrir son Edifice & d'empêcher que la pluie ne ruine la beauté de son ouvrage.

C'est ce que je me propose, T. V. V.

&

iv.

& H. F., dans cet ouvrage, divisé en trois
Parties, qui aprendra aux Profanes jufqu'où les véritables MAÇONS portent la vertu de
leur très-vénérable Société ; vertu qui eft la
baze de toutes les autres. Vous y verrez
quatre de nos V. & H. F. réfifter aux cruautés d'un Tribunal, qui a abjuré tous les
fentimens de l'humanité, fans que les Tourmens les plus infuportables, aïent pû les faire fuccomber jufqu'au point de contenter l'o-
dieufe Curiofité de leurs Boureaux, qui é-
toient en même tems leurs Juges. Vous y a-
prendrez à connoitre ce Tribunal, & les moïens d'éviter de devenir fa proïe. Enfin tous
les Chrêtiens trouveront ici des preuves des
procédures anti-chrêtiennes de ceux qui en
font établis les Juges, & qui, fous le manteau de la Religion & le mafque de l'Hipo-
crifie, câchent la Luxure la plus débordée,
l'Avarice la plus infatiable & la Vengeance
la plus cruelle, ignorant abfolument ce que
c'eft que l'Humanité, encore plus la Charité.

VOILA quels Hommes, voilà quelle efpèce
de Société, on doit faire connoitre au refte
des Mortels, qui ont intérêt de fe mettre
fur leurs gardes contre leurs dangereufes
entreprifes. C'eft rendre un fervice effen-
tiel à la Société que de les expofer au grand
jour. Mais où eft l'obligation du Sr. C**.

de

de tromper le Public en lui promettant de lui révéler les Sécrèts de la Maçonnerie, qu'il avouë ne point savoir, puisqu'il déclare qu'il n'a jamais été reçû dans une Loge Régulière. Cet aveu seul suffit pour convaincre le Public, qu'il ne lui a vendu que des Contes de ma Mère l'Oïe, ou autres fariboles semblables, ornées de quelques figures imaginaires qu'il donne pour des Mistéres. Un vil intérêt lui a mis la plume à la main ; car après tout il faut vivre, & c'est le principal bût de la composition de ce Roman, auquel on assûre qu'il va faire succèder un second, bien plus important & plus serieux, puisqu'outre quantité de recherches pitoïables, mais très-curieuses, selon l'Auteur, on prétend porter un coup mortel à toute notre Société, en prouvant que son unique bût est d'abolir la Dépendance, & de rétablir parmi les hommes une prétenduë Egalité primitive. Cette seule Thése réfutée & détruite par une expérience de près de 3000. ans, est une nouvelle preuve combien peu ceux qui la soûtiennent, sont instruits de l'Ordre de nos Loges, de l'Esprit de la Maçonnerie, & de ses véritables Loix.

Voila, T. V. V. & H. F. une nouvelle espèce de persécution qui nous est suscitée, mais qu'il nous sera plus aisé de vaincre, que cel-

celle de la barbare Inquifition. Nous avons pour nous le Confeil de Gamaliël ; nous ne pouvons mieux réfuter ces impertinences que par un fouverain mépris, & en nous tenant attâchés à la pratique conftante de nos Réglemens & de nos Loix, qui nous dictent nos Devoirs envers l'Etre Souverain, envers Nous-mêmes, envers notre Prochain. C'eft à quoi nous Vous exhortons, puifque c'eft le moïen de nous diftinguer glorieufement du refte des Hommes, dans les lieux mêmes où nos Loges font fermées.

La Prémiére Partie de ce Volume eft la rélation exacte & véritable de la Prifon & du Procès du T. V. F. Couftos, qui fe trouve conforme, à peu de chofe près, à ce qui eft arrivé aux Frères Mouton & Bruslé ; il n'eft pas fait mention du quatrième dans la lifte de l'Auto da Fé, parce qu'il a trouvé le moïen de fortir de cet Enfer par la Porte inférieure. Le prémier a été condamné à 4. ans de Galère, & les deux autres ont été banis pour 5. ans du Patriarchat de Lisbonne, d'où ils fe feroient affez banis eux-mêmes, pour n'être pas expofés aux Griffes des Satellites de cet infernal Tribunal.

La feconde Partie contient l'Origine de ce Tribunal, extraite d'un Livre qui en a don-

né l'Hiſtoire la plus ſincère, & la plus véritable mais qu'on ne trouve plus, graces aux
ſoins que l'Inquiſition, & ſes Familiers ont
eu d'en achêter & bruler tous les Exem-
plaires.

ENFIN la Troiſième Partie ſert de preuves
à ce qui eſt avancé dans les deux précedentes,
des injuſtices, des cruautés, des abominations de ce Tribunal, dans la Relation
ſimple & naïve de divers actes & avantures
averées, & qui ſont publiques en Eſpagne
& en Portugal, comme en France; mais
dont on n'oſe parler, dans les deux prémiers
Roïaumes, qu'entre quatre yeux, & après
avoir bien fermé les Véroux.

IL nous a paru inutile de raporter à la
fin de ce Volume la liſte entière de l'Auto
da Fé, où nos Frères furent jugés. Nous
nous contenterons de mettre ici les Articles
qui les regardent.

1 Joaõ Cuſton (Couſtos) Herege Proteſtante, Lapidario, natural de Cantaõ de Baziléa, e morador neſta Cidade; por introduzir, e praticar neſta Corte a ſeita dos Pedreitos livres, condenada pela Sé Apoſtolica.	4. Annos para Galés.

12   Alexandre Jacques Motton (Mouton) Lapidario, natural da Corte de Paris, Reino de França e morador nesta Cidade; por seguir a seita dos Pedreiros livres.

13   João Thomaz Bruslé, Lapidario, natural da Corte de Paris, e morador nesta Cidade; pelas mesmas culpas.

5. Annos para fora deste Patriarcado.

Que *le Ciel préserve tout vrai* MAÇON *de ce Tyrannique Tribunal, c'est le vœu sincère,*

T. V. V. & H. F.

De Vôtre très-affectionné Frère

L. T. V. I. L. R. D. M.

PROCEDURES

CURIEUSES

DE

L'INQUISITION

DE

PORTUGAL

CONTRE

LES FRANCS-MAÇONS

E suis né à Bern, en Suisse, & aujourd'hui Lapidaire de profession. Mon pere m'emmena, dès ma tendre enfance dans un païs bien eloigné de ma chere patrie; Comme il étoit Chirurgien, l'envie de se perfectionner, & l'esperance de pouvoir avancer sa famille, le déterminérent à passer en France, où il

Part. I. A avoit

avoit de puiſſans protecteurs, mais il n'y demeura pas long temps. L'Ordonnance rigoureuſe que le Roi *Louis* XIV. fit, portant que tous ceux qui profeſſoient une autre religion que la Romaine, euſſent à ſortir de ſes Etats dans un tems fort court & préſcrit, l'obligea auſſi-tôt de s'en éloigner, ce ne fût pas à la verité ſans peine & ſans chagrin ; car il ſe voïoit déjà en état d'y ſubſiſter avec honneur, il fallut toutefois prendre un parti ſur le lieu de ſa retraite, il choiſit l'*Angleterre*, comme firent beaucoup d'autres, & ſe rendit, avec toute ſa famille à *Londres*, où il ſe fît naturaliſer & s'établit dès ſon arrivée.

Pour moi, après avoir demeuré vingt deux ans conſécutifs dans cette ville capitale, ſous les yeux de mes parens, je me rendis à *Paris*, à la ſolliciſation d'un de mes amis pour travailler aux Galeries du Louvre. J'y paſſai cinq ans avec tout l'agrément poſſible: plût à Dieu que j'y fuſſe reſté toute ma vie ! mais mon malheureux Sort m'entrainoit ailleurs, malgré moi. Je formai le deſſein d'aller tenter fortune au *Breſil*, & pour cet effèt je fis le voïage de *Lisbonne*, afin d'en demander la permiſſion au Roi de *Portugal*, à qui ce

païs

Païs appartient, mais ce Monarque, s'étant fait informer de mes talens & de la connoissance que je pouvois avoir des Pierreries, me refusa ma demande, de l'avis de son Conseil, pensant que jétois trop expert pour aller dans un païs, où il croit qu'il est à propos de tenir les peuples dans l'ignorance totale des tresors qui les environnent de tous côtés.

Pendant que j'avois attendu la reponse de la Cour, j'avois eu occasion de lier connoissance avec plusieurs Marchands Jouailliers, & même avec quelques autres personnes de crédit & de nom, qui m'avoient offert de très grands avantages pour m'engagner à rester à *Lisbonne*. Voyant donc qu'il n'y avoit plus aucune esperance pour moi de passer au *Bresil*, j'acceptai leurs offres, je métablis dans cette ville, où tout sembloit me rire, avec autant de succès que de satisfaction pour mes pratiques, pour mes amis, & pour moi même. Mais combien la Fortune est cruelle & inconstante! Au moment qu'elle sembloit me prodiguer ses faveurs elle me précipita dans un abime de malheurs; en effet en est-il un plus grand que de tomber entre les manis de la cruelle Inquisition, puisque les suites les

 moins

moins facheufes qui peuvent en arriver c'eft d'être totalement ruiné !

Ce tribunal s'eft acquis un pouvoir très-defpotique en *Efpagne* mais encore plus en *Portugal.* Les Rois mêmes font obligez de s'y foumettre, leurs prédéceffeurs ayant eu la foibleffe de fe depouiller d'une partie de leur autorité pour en revêtir les Juges Ecclefiaftiques, qui le compofent, & qui, non fatisfaits encore, ne font nulle difficulté, pour feconder les deffeins orgueilleux de la cour de *Rome*, d'empieter de jour en jour fur les privileges les plus facrés de ces princes, & de s'élever au deffus des loix les plus inviolables ; en s'emparant des dépots publics, & en faifent arrêter, de leur propre autorité, les lettres de ceux fur lesquels ils ont le moindre foupçon.

C'eft la conduite qu'ils tinrent à mon égard, pendant un an entier avant ma détention, à deffein, je crois, de découvrir fi parmi mes correfpondances, il ne feroit pas fait mention de la Maçonnerie, dont ils me foupçonnoient d'être un zélé membre, car ils regardoient cette Société comme un affemblage monftrueux des crimes les plus énormes, & ils avoient refolu dépuis long temps, de perfecu-

ter

ter ceux qui la composoient, comme ils ne le firent que trop connoitre bientôt après.

En effet quoique dans les lettres que j'écrivois soit à mes amis, soit à mes correspondans, & dans celles mêmes qui m'étoient adressées, les Inquisiteurs n'eussent rien trouvé, qui pût leur faire soupçonner que la Maçonnerie attaquât en quelque maniere la Religion Romaine, ou tendît à troubler la tranquilité publique, ils ne jugérent pas à propos d'en demeurer là, ils se proposerent aucontraire d'en découvrir à quelque prix que ce fût, tous les Mistéres & les Secrèts; mais comme il falloit pour y parvenir faire arréter quelqu'un de ses principaux membres, ils jetterent les jeux sur moi qui étois maître de Loge, & sur un surveillant de mes intimes amis, nommé *Alexandre Jacques Mouton*, natif de *Paris* Catholique Romain, & Diamantaire de profession. Il y avoit six ans qu'il étoit établi à *Lisbonne*, où il exerçoit son Art avec l'approbation & l'estime de tous ceux qui le connoissoient.

De fût sur la déclaration d'une Dame *Françoise*, nommée Me. *Le Rude* que l'Inquisition fit toutes ces perquisitions &

nous

nous fit enfin arrêter. Il y avoit dix ans qu'elle étoit a *Lisbonne* où son mari, qui étoit Orfevre jouaillier, étoit établi : cette femme aussi connue par sa méchante langue que par sa mauvaise reputation, se mit un jour en tête de chasser de *Portugal* tous ceux qui faisoient le même commerce que son mari. Ce fût sa jalousie, son avarice, & plus que tout cela, son mauvais Caractère, qui la porterent à une Resolution si détestable. Elle en forma le noir complot avec une nommée *Dona Rose*, femme à peu près de la même trempe, & elles allèrent toutes les deux, à cet effèt, nous dénoncer à l'*Inquisition* comme *Francs-Maçons*, qui tenoient de fréquentes Assemblées.

Mais l'imprudence de l'Epouse du *Frère Mouton*, fût la prémière source de tous nos malheurs. On auroit dit qu'elle n'avoit fait le grand trajèt de *Paris* à *Lisbonne*, que pour y venir causer la ruïne totale de son *Mari* & de plusieurs autres. Car elle n'y fût pas plûtôt arrivée, qu'elle fit voir son indiscrétion, en disant à Me. le *Rude*, qu'elle connoissoit fort peu, que son Epoux étoit *Franc-Maçon*.

Que l'on ne me fasse pas un crime
ce-

cependant, fi je cite ainfi la Femme d'un frère, qui eft un de mes Amis. Sa réputation & fon honneur, font trop bien établis pour n'être pas réfpectés. Je ne le faits donc que pour faire connoître aux autres Sœurs, parmi lefquelles il y en a beaucoup, qui ont une grande démangeaifon de parler, combien il leur importe de garder un profond fecrèt fur cet Article, fur tout dans les Païs où l'*Inquifition* eft établie; fi fi elles ne veulent voir bientôt aux Troufles de leurs Epoux, les Officiers de ce Tribunal, comme il nous arriva auffitôt la Déclaration de Me. le *Rude.* Mon ami *Mouton* en fût la prémiére victime.

Voici le Stratagême auquel ils eurent récours, pour fe faifir de fa perfonne, & par lequel on peut voir qu'il n'eft point de lâcheté, ni de perfidie que les *Portugais*, ne fe croient obligés de mettre en ufage, lorfqu'il s'agit de feconder les defleins, ou de foûtenir l'autorité de ce Tribunal, tant eft grande leur foûmiffion aux ordres des *Inquifiteurs*, & le préjugé de Religion qui les aveugle fur leur abomi-

nable

nable conduite , & fur leurs injuftes procédures.

Un Orfévre Jouaillier & Familier du St. office , envoïa d'abord chercher le Sr. *Mouton*, par un de fes amis qui é-toit auffi *Franc-Maçon* , fous prétexte qu'il vouloit lui donner un Diamant à racommoder, péfant quatre caras , & que l'on eftimoit cent monoïes d'or. Mais comme ceci n'étoit qu'une fein-te, & qu'il n'avoit pas d'autre but que de pouvoir connoître le Sr. *Mouton*, il lui dit après être coûvenus du prix, de révenir dans deux jours , & que pour lors il mettroit ce Diamant entre fes mains pour le corriger , au cas que le propriétaire confentit à leur conven-tion.

J'étois alors avec mon ami , qui ré-marqua auffi bien que moi la joïe ex-ceffive, qui étoit peinte fur le vifage de ce perfide Jouaillier, & dont nous ignorions la véritable caufe. Elle ne venoit en effèt que de ce qu'il pré-voïoit, qu'il pourroit dans peu livrer d'un feul coup à l'*Inquifition*, les deux infortunés qui devoient être fes prémiè-res Victimes pour caufe de la Maçonnérie; comme fon infâme procedé, à notre é-gard

gard ne tarda pas à nous en é-
claircir.

En nous congédiant, il nous pria inſtanment tous les deux de revenir au tems marqué; mais nous ne fûmes pas plûtôt ſortis, qu'il alla faire le raport de ſes heureuſes découvertes, & de ſes beaux exploits aux Inquiſiteurs, qui prirent dès ce moment toutes les meſures néceſſaires pour nous faire arrê-ter chez lui, le jour que nous devions y retourner, pour avoir la réponſe au ſujèt de ce Diamant.

Les deux jours s'étant écoulés, mon ami fût ſeul chez le Jouaillier, mes Af-faires ne m'aïant pas permis de l'y ac-compagner. La prémière parole, que lui dit ce traitre, après les complimens ordinaires, fût celle ci, où eſt donc votre ami *Couſtos* ? Comme il m'avoit auſſi montré quelques Ouvrages, qu'il m'avoit fait eſpérer que je ferois, mon ami crut qu'il avoit deſſein de m'en don-ner dès le moment ; c'eſt pourquoi il lui répondit auſſitôt, que l'on pouroit me trouver à la Bourſe, & que s'il le jugeoit à propos il iroit m'y chercher. Mais le Jouaillier n'avoit garde d'accep-ter une pareille propoſition, quelque

A 5   envie

envie qu'il eut de nous faire arrêter tous les deux à la fois. Car il y avoit chez lui cinq Officiers de l'*Inquisition*, qui craignoient trop de perdre la moitié de leur proïe, & qui le priérent d'entrer avec eux dans le fond de la Boutique, sous prétexte qu'ils vouloient lui demander, son avis sur des Diamants Brutes. Mon ami, qui ne se doutoit de rien, le fit avec plaisir. Mais il ne fût pas long-tems avec eux, sans être éclairci de leur véritable dessein. Car après quelques Signes & Paroles entr'eux, le plus agé de ces Officiers se léva, & faisant semblant d'avoir quelque chose à lui communiquer en particulier, il le fît passer derrière un rideau, où après lui avoir demande son nom & surnom, il lui dit qu'il étoit son Prisonnier de la part du Roi.

Mon ami, ne se sentant coûpable d'aucun crime qui méritât la disgrace de Sa Majesté, ne fit pas la moindre difficulté de rendre son épée. Après quoi ces cinq Officiers se jettérent tous sur lui, craignans encore qu'il ne fit résistance. Lorsqu'ils l'eurent foüillé, & qu'ils se furent assûrés qu'il n'avoit plus d'Armes, ils lui demandérent, s'il vou-

loit

loit favoir au vrai de quel part il étoit arrêtés ; le Sr. *Mouton* leur dit que cela lui feroit plaifir. Hé bien, lui dirent-ils, c'eft de la part du St. Office, & de cette part nous vous deffendons de parler, ou de faire le moindre bruit. Auffitôt ils le firent fortir par une porte qui étoit au fond de la Boutique, & qui donnoit dans une petite rûë détournée, où il y avoit une chaife roulante dans laquelle ils le firent monter. Il y étoit accompagné d'un Commiffaire du St. Office, qui avoit grand foin de fe câcher, pour que perfonne ne le vit, étant en plein midi ; de peur que le bruit de la détention d'un *Franc-Maçon*, ne donnât quelque foupçon aux autres, & ne leur fit prendre des mefures, pour fe fouftraire à la rigueur de ce Tribunal.

Sitôt qu'il fût arrivé à l'*Inquifition*, on le mît feul dans un affreux câchot, fans lui donner la Satisfaction qu'on lui avoit promife, de le faire parler, en y arrivant, au Préfident, pour favoir de lui les caufes de fon emprifonnement. Au contraire on fembla l'avoir oublié, pendant quelques jours, lorfqu'il fût une fois renfermé.

En effèt les Inquifiteurs ne penférent,

plus

plus qu'aux moïens de me faire arrêter
promptement. Pour pouvoir le faire a-
vec plus de facilité, ils inventérent un
artifice diabolique. Ils firent courir le
bruit que le Sr. *Mouton* étoit parti, &
avoit emporté le Diamant qu'on lui avoit
confié. Qu'elle ne fût pas la furprife
de tous fes Amis à une Nouvelle fi peu
attenduë? La parfaite connoiffance que
nous avions tous de fa probité, & de fa
droiture, ne nous permit pas d'y ajoû-
ter foi. Ce qui fit que tous d'un com-
cun accord, après avoir examiné fa conduite, depuis que nous le connoiffions,
nous réfolumes d'aller chez le Jouaillier,
pour fçavoir de luj à qui étoit le Diamant en queftion, & aller enfuite en
offrir le païement, dans la ferme perfuafion où nous étions tous, qu'il n'y a-
voit que quelque accident inopiné, qui
eut pù l'obliger à difparoitre ainfi, fans
en avoir fait part à quelqu'un de fes
Amis.

Le Jouaillier réfufa l'offre avec toute
la Politeffe imagniable, nous affûrant
que le propriéraire du Diamant étoit affez riche, pour régarder cette perte
comme une Bagatelle. Mais comme la vérité fe fait ordinairement jour au travers
des

des nuages les plus épais du menfonge, dont on fe fert pour l'obfcurcir; cette générofité de la part de gens qui nous étoient, pour ainfi dire, tout à fait inconnus, nous fit foupçonner quelque miftere câché; ce qui ne fe trouva que trop vrai par la cruélle perquifition, que l'Inquifition exerça contre les *Francs-Maçons*, bientôt après. Je fûs moi-même la feconde victime innocente de ce Tribunal.

Peut-être aurois-je pû éviter, on du moins éloigner de moi pour un tems ce malheur, fi je n'euffe pas été trahi auffi, de la manière la plus criante par un *Portugais* que je croïois de mes Amis, & que le St. Office avoit chargé d'épier mes démarches. Ce traitre m'aïant trouvé dans un café, le quatorze de Mars mille fept cent quarante trois, fût en donner avis auffitôt à 9. Officiers de l'*Inquifition*, qui étoient apoftés près de ce lieu, fuivant le Confeil, qu'il leur en avoit donné, fçâchant bien que c'étoit celui-là où j'allois prefque toûjours Je laiffe à juger qu'elle fut ma furprife, lorfque venant à en fortir fur les dix-heures du foir avec deux de mes Amis, je me vis tout d'un coup arreté, au mo-

moment que j'y pensois le moins , & sans en pouvoir deviner la cause. En effèt je ne me sentois coûpable d'aucune action, qui pût me faire soupçonner un pareil accident. Ils me dirent pour prétexte, que j'étois néceffairement complice du vol du Diamant, que le Sr. *Mouton* avoit emporté, & que si j'avois voulu en repondre, en engageant mes amis à aller en offrir le païement, je ne l'avois fait que pour mieux cacher mon jeu, & me faire régarder comme innocent. Tout ce que je pus alleguer pour ma juftification, fût inutile, ils me desarmérent, me mirent des Menottes & me forcérent d'entrer dans une chaife roulante où il y avoit un commiffaire du St. office. je reconnus auffitot que j'étois arreté par ordre de l'Inquifition , & je me doutai que le feul crime , dont j'étois coupable, c'étoit d'être *Franc-Maçon* ; ce qui fît que malgré toute leur vigueur & les deffenfes qu'ils me firent de faire le moindre bruit, je ne pus m'empêcher, de crier à un *Franc-maçon*, nommé *Richard* & qui étoit un de ces deux amis avec lefquels je venois de fortir du caffé, que j'étois arreté par orre de l'Inquifition, & d'en avertir tous les fréres, afin quils priffent leurs precautions,

tions, pour eviter les malheurs auquels j'étois en proye, en sortant prompte-ment de *Portugal*, ou en s'allant accuser eux mêmes aux Inquisiteurs.

Ils pouvoient meme se précautionner en quelque façon contre les poursuites de l'Inquisition, en ne sortant jamais seuls pendant le jour, & restant chez eux pendant la nuit; car il est fort rare que les Officiers de ce Tribunal arrêtent quel-qu'un en plein jour, à moins qu'ils ne soï-ent comme surs qu'il ne fera ni résistance ni bruit, encore prennent, ils bien des mesures, comme il paroit clairement par la maniére dont ils se saisirent de mon ami.

C'est donc l'amour du secret, dont l'In-quisition est si jalouse dans toutes ses dé-marches, & la crainte d'exciter du tu-multe, qui les engagent à faire leurs coups pendant la nuit : c'est alors en effet qu'ils peuvent arrêter qui ils veulent en toute sureté, car les *Portugais*, qui sont natu-rellement fort timides, ont grand soin de se renfermer chacun chez soi dès que le jour vient à tomber, dans la crainte des fréquens accidens qui arrivent à ceux qui sont assez temeraires & impru-

dens

dens que pour aller feuls, dans les ruës de *Lisbonne*, pendant la nuit.

Cependant ces Officiers, qu'on nomme *Familiers*, & qui font le plus fouvent des perfonnes de la prémière condition, puifque c'eft un fi grand honneur d'avoir ce titre en *Portugal*, que les Princes mêmes fe font gloire de l'être, n'ofent encore arrêter le moindre particulier, fans employer l'autorité du Roi ; car c'eft par cet artifice qu'ils defarment d'abord le prétendu criminel, & qu'ils s'affurent de fon obéïffance aux ordres qu'ils ont deffein de lui donner de la part du St. Office.

Pour moi, qui me croïois bien accompagné, je ne leur aurois pas rendu les armes fi facilement, fi mes amis m'avoient fecondé, mais une terreur panique les aiant faifis, ils cherchérent leur fureté dans la fuite & me laifférent en proïe & à la merci de neuf Satellites, qui m'environnérent à l'improvifte; que faire en pareil cas? fe deffendre: il y auroit eu de la témérité, il fallut donc fe laiffer conduire à l'Inquifition.

L'Inqufition eft un Bâtiment très vafte & particuliérement conftruit. Il y a quatre Places ou Cours dans l'interieur, chacune d'environ quarante pieds en quarré. Tout
au-

autour de chaque place, règnent trois Coridors bâtis l'un fur l'autre, au fond def-
quels font les cachots pour les miférables
prifonniers. Dans le coridor qui eft à rez
de chauffée, font de petits cachots, de
pierres de taille, voutés & fort ténébreux,
pour les plus coupables, ceux du coridor
du prémier êtage ont un peu plus de jour
& font deftinés pour ceux qui n'ont commis que des fautes légères, s'il en eft aux
yeux des Inquifiteurs, qui croïent que
toute homme mérite la mort, fitôt qu'il
s'eft rendu coupable de quelqu'une des
minuties qui font du reffort de leur Tribunal, pendant qu'ils laiffent les plus grands
crimes impunis tels que font le Viol,
l'Homicide, & quantité d'autres. Les
cachots enfin du coridor du fecond étage
font deftinés pour les perfonnes du Sexe,
qui font auffi foumifes à ce Tribunal, ce
dont les juges ne fçavent que trop profiter, pour fatisfaire leur paffion & leur brutalité. L'entrée de chacun de ces cachots
eft fermée en dedans d'une forte grille de
fer, mais très-petite & éloignée de deux
pieds & demi du mur, qui fait le fond du
coridor; à ce mur font d'autres portes
de bois de peur que les prifonniers ne
voient ceux qui paffent dans le coridor,

Part. I. B &

& au deſſus de ces portes, l'on a fait de petites fenêtres, que l'on ne peut voir des cachots & qui n'y communiquent le jour que par réflexion.

On ne peut bien juger encore combien eſt grande l'obſcurité, qui règne continuellement dans ces affreux cachots, qu'en faiſant attention que les coridors mêmes ſont obſcures & maſqués par un mur de cinquante pieds de haut qui n'en eſt éloigné que de cinq à ſix pieds & qui règne auſſi tout au tour de chaque cour, ce qui fait qu'on n'en peut voir qu'un côté à la fois.

Cette priſon ſi à redouter, a pluſieurs portes de Communication avec le Palais du grand Inquiſiteur qui eſt aſſés beau, on y entre par une grande Porte cochere qui conduit à une Cour fort ſpatieuſe, autour de laquelle on peut voir de fort beaux appartemens, c'eſt là où le Roi & ſa Cour ſe placent ordinairement pour voir défiler les priſonniers le jour de l'*Acte de Foi*.

Ces infortunés dans leur cachots, n'ont pour meubles, qu'une trappe de trois à quatre pieds en quarré qu'ils mettent à terre & ſur laquelle ils font leur lit qui eſt compoſé d'une paillaſſe, d'une pair

de

de draps & d'une méchante couverture, ils ont encore une terrinne pour se laver, deux cruches, l'une pour mettre l'eau nette, & l'autre l'eau salle; une assiète pour mettre leur manger & un petit pot pour mettre l'huile de leur lampe, qui est presque toûjours allumée. Ce n'est pas cependant qu'ils passent le tems à lire puisqu'on ne leur soufre aucun livre pas même ceux de dévotion, mais parce que sans lumière ils ne peuvent rien faire dans leurs ténebreux cachots, même pendant les plus beaux jours de l'Eté.

Pour ce qui est de la nouriture, on accorde à chacun un Teston par jour. Le Geolier à la fin de chaque mois, va voir tous les prisonniers, pour leur demander à quoi ils veulent emploïer l'argent qui leur est donné pour vivre le mois suivant; chaque prisonnier consacre ordinairement neuf Testons pour avoir tous les jours un Bouillon gras & une demie livre de Bouilli : huit pour du Pain, quatre pour du Fromage, deux pour du Fruit, quatre pour de l'Eau de Vie & le reste pour des Oranges, des Citrons, du Sucre, & le Blanchissage. Un des Garçons du Geolier, qui le suit, écrit exactement tout ce que chaque prisonnier souhaite d'a-

voir pendant le courant du mois ; & on
le lui sert ponctuellement, sous peine à
celui qui est chargé de ce soin, d'être puni
sévérement, s'il manque en quelque chose aux ordres que le prisonnier a donnés,
mais cette punition ne lui est pas infligée
par raport au prisonnier ; mais parce qu'il
n'a pas obéi aux ordres du St. Office.

Ceux qui sont grands mangeurs, ou
qui souhaitent d'avoir du vin ; ce qui arrive surtout aux Etrangers, demandent
audience pour représenter leurs besoins,
& obtiennent ordinairement ce qu'ils veulent, pourvû que leurs demandes soient
justes, non contraires à leur santé, & non
à charge au St. Office. C'est ainsi que
les Inquisiteurs en agirent à mon égard,
mais ce n'est que dans ce cas & celui de
la maladie qu'ils donnent quelques marques d'humanité ; dans toute autre occasion, on ne découvre en eux qu'insensibi-
lité & cruauté, ils ne sçavent alors ce
que c'est que se laisser fléchir.

Sitôt qu'un prisonnier est au cachot,
non seulemen on lui interdit tout commerce avec sa famille & ses amis, mais
même on ne souffre point qu'il ait la
moindre communication avec les autres
prisonniers, ni qu'il fasse le moindre
bruit

bruit ; gemir, foupirer ou fe plaindre, prier Dieu à haute voix, chanter des Pfeaumes, ou des Cantiques, font autant de fautes capitales. Les Gardes du St. Office qui font continuellement en faction dans les corridors, reprennent la prémière fois avec beaucoup d'aigreur celui qui a l'imprudence ou le malheur d'en commettre quelqu'une, & s'il y retombe, ils ouvrent fon cachot & lui donnent des coups de nerf de Bœuf fans nombre, non feulement pour le punir, mais auffi pour intimider les autres prifonniers qui par la proximité des cachots & le profond filence qui y règne, peuvent entendre tout à la fois & les coups de ces inhumains & les cris de ces infortunés. En voici un exemple verifié par plufieurs perfonnes dignes de foi. Un prifonnier attaqué d'un violent Rhume de poitrine, touffoit malgré lui fort fréquemment ; un garde vint l'avertir d'abord tout en colére de ne point faire ainfi du bruit, auquel il répondit avec beaucoup de douceur, que fon incommodité en étoit la caufe, & qu'il ne pouvoit s'en empêcher, mais fon mal s'étant encore augmenté, fa toux redoubla, pour lors ces fcélérats le deshabillèrent tout nud,

B 3

lui

lui donnérent tant de coups, & revin-
rent si souvent à la charge qu'à la fin il
mourut entre leurs mains.

Par ce profond silence que les Inquisiteurs font observer, ils ôtent jusqu'à la
moindre consolation à leurs malheureux
prisonniers & les empêchent de se reconnoitre; ce qui pourroit arriver s'ils pouvoient parler ou chanter à haute voix.

Voilà quelle est la prison, où je fus
conduit par les neuf Familiers qui m'arrê-
tèrent, & où je ne fus pas plûtôt arrivé
qu'ils me livrérent entre les mains d'un
des prémiers Officiers de ce prétendu St.
Lieu.

Il me fît conduire aussitôt par quatre
Gardes dans un fort grand salon, où je
demeurai, en attendant qu'il eut été avertir le Président que l'on m'avoit ammené
prisonier; peu de tems après il revint &
ordonna qu'on m'otât tout l'Or, l'Argent, Papiers, Coûteaux, Ciseaux, Bou-
cles, Epingles, & généralement tout ce
que je pouvois avoir sur moi à l'excep-
tion de mon mouchoir, après quoi il me
fît conduire dans un cachot, me deffen-
dant expressément de parler haut, ou de
battre contre les murs, sous quelque prétexte que ce fût, m'avertissant en même

tems de remuer feulement un peu le ca-
denât qui fermoit la grille du cachot,
lorfque j'aurois befoin de quelque chofe.

Ce fût alors, qu'en proïe à toutes les
horreurs d'un lieu fi trifte & dont j'avois
entendu faire plufieurs fois des portraits
fi horribles, je me laiffai aller à tout ce
que ma mélancolie & les idées d'un avenir affreux pouvoient m'infpirer d'épou-
ventable. Je paffai ainfi deux jours &
deux nuits dans des allarmes continuelles, & dans des terreurs d'autant plus
difficiles à dépeindre qu'elles redoubloi-
ent à chaque inftant par les cris, les
plaintes & les gemiffléments fourds, que
pouffoient plufieurs prifonniers voifins,
& que la tranquilité de la nuit faifoit
parvenir à mes oreilles. Cependant je
m'armai de patience, autant qu'il me fût
poffible, & je m'accoûtumai, pour ainfi
dire, infenfiblement à ma mifère. Je
rapellai mes efprits, & faifant tréve
pour quelque tems avec les triftes idées
de mon malheureux fort, je penfai fé-
rieufement aux moïens de me tirer de ce
miférable Labirinte. La certitude où j'é-
tois que je n'avois rien fait qui pût mériter les derniers fupplices, contribuoit
beaucoup à calmer ma mélancolie. Mais

mon

mon innocence ne pouvoit aſſez me raſ-
ſurer, lorſque je me repréſentois les injuſtices atroces dont le Tribunal qui devoit me juger étoit accuſé, & qu'étant
Proteſtant j'éprouverois bientôt tout ce
que la rage & un zéle indiſcrèt pouvoient inſpirer de plus cruel, à des Moines qui ſe faiſoient un mérite devant
Dieu & gloire devant les Hommes de ſacrifier aux flammes, un nombre infini de
malheureuſes victimes, pour le ſeul crime
de ne pas penſer comme eux en fait de
Religion. Dans cette cruelle agitation,
où le deſeſpoir & l'eſpérance avoient
tour à tour le deſſus, les réfléxions ſé-
rieuſes, que ma raiſon me fit faire ſur la
néceſſité où j'étois de me tranquiliſer,
pour pouvoir éviter les pièges que je
prévoïois que mes Juges me tendroient,
ſoit pour me faire tomber dans l'Apoſtaſie, ſoit pour me rendre criminel, firent ſur moi de ſi fortes impreſſions que
dès ce moment je ne penſai plus qu'aux
moïens de me juſtifier. Je me rendis
les preuves de mon innocence ſi familié-
res que toute la férocité de mes Juges
& les idées effraïantes que j'avois de
leur cruauté, ne furent point capables de
m'intimider, lorſque je parus devant
eux.

eux. Ce fût le cinquième jour de ma détention, après que, suivant leur coûtume, ils m'eurent fait raser & couper les cheveux.

Je fûs donc conduit la tête nûë devant ce redoutable Tribunal. Il étoit composé cette fois du Président, de deux Inquisiteurs, & de deux Députés. Ils m'ordonnérent d'abord de me mettre à genoux, la main droite sur la Bible & de jurer devant Dieu que je dirois la vérité sur toutes les questions qu'ils me feroient & qui ne roulérent alors que sur mon Nom & Surnom, sur celui de mes Parents, sur le lieu de ma Naissance, l'Art & la Religion que je professois, & sur le tems enfin qu'il y avoit que j'étois à *Lisbonne*. Après quoi ils m'adressèrent le discours suivant.

„ Mon Fils, vous avez offensé & in-
„ jurié le St Office, c'est pourquoi nous
„ vous exhortons de vous confesser &
„ accuser de tous les crimes que vous
„ pouvez avoir commis depuis l'âge de
„ connoissance jusqu'à présent. Ce que
„ faisant vous vous attirerez la miséri-
„ corde du St Tribunal qui est benin
„ & débonnaire lorsque l'on confesse la
„ vérité.

B 5

Ils

Ils me dirent ensuite que le Diamant, dont j'ai parlé, n'avoit été qu'un prétexte dont ils s'étoient servis pour me faire arrêter. Quel front ? quelle audace ? quelle détestable conduite ? quoi ? pour arrêter un innocent, se servir d'un prétexte tel que celui du vol, sans faire attention à la perte de la réputation d'un homme & de toute sa famille. Fût-il injustice plus criante ? mais de quoi ne font pas capables des Moines ? je les suppliai donc de vouloir m'informer de la véritable cause de ma détention, mais inutilement. Je leur remontrai ensuite qu'étant né Protestant, on m'avoit enseigné à ne jamais me confesser aux Hommes, mais à Dieu seul, ajoûtant qu'il n'y avoit que lui qui pût sonder les cœurs, juger du repentir du pêcheur qui lui confessoit ses fautes & lui en accorder le pardon.

Mais n'étant pas satisfaits de cette réponse, ils me dirent qu'il falloit absolument me confesser, de quelque religion que je fusse, où bien qu'ils m'y obligeroient par les voïes usitées dans le St. Office. Je ne pus m'empêcher de leur repliquer que je n'avois jamais parlé contre la Religion Romaine ; que ma conduite

duite, depuis mon féjour à *Lisbonne*, a-
voit toûjours été telle qu'on ne pouvoit fans injuftice, m'accufer d'avoir
agi d'une manière contraire aux loix
de l'Etat ou de la Religion dominante,
& que de plus j'avois toûjours cru que
le St. Office ne pouvoit faire le procès qu'à ceux qui s'étoient rendus coupables de Sacrilège, de Blaspheme, ou
d'autres crimes qui tendroient à renver-
fer, ou tourner en ridicule les Miftéres
reçus dans l'Eglife Romaine, ce dont
je n'étois point coupable. Là-deffus le
Préfident me renvoïa dans mon cachot, avec ordre d'examiner ma confcience.

Trois jours après je fubis un fecond
interrogatoire auquel je m'étois prépa-
ré du mieux qu'il m'avoit été poffible.
Le Préfident le commença par me demander, fi j'avois foigneufement examiné ma confcience fuivant les ordres
que j'en avois reçus.

Je lui répondis, que j'avois exactement repaffé dans ma mémoire toutes
les actions de ma vie & que je n'en
avois trouvé aucune qui eût pû légiti-
mement offenfer le St. Office. Que
dès ma plus tendre jeuneffe, mes pa-

rents, qui avoient été obligés de fortir de France, où ils avoient un honnête établiffement, pour caufe de Religion, & qu'aïant ainfi connu par leur propre expérience, combien il étoit néceffaire, pour le bonheur & la tranquilité de la vie, de ne point s'entretenir fur cette matiére, ils m'avoient fouvent recommandé de ne jamais entrer dans aucune de ces converfations de Controverfe, qui fervent plûtôt à aigrir les efprits qu'à les concilier enfemble. Que d'ailleurs j'étois d'une Société compofée de perfonnes de differentes Religions & qui deffendoit abfolument à tous fes Membres d'agiter aucune matiére de Religion fous peine de groffès amendes.

Le Préfident me demanda auffitôt fi cette Societé n'étoit pas elle-même une nouvelle Religion. Je lui répondis que non; qu'elle engageoit feulement tous ceux qui la compofoient à vivre en charité, & à s'aimer d'un amour fraternel les uns & les autres, fans faire attention s'ils faifoient profeffion d'une Religion differente ou non.

Il me demanda enfuite quel étoit le nom de cette Societé. Je lui dis que fi le St. Office m'avoit fait arrêter parce que j'en étois, il ne pouvoit l'ignorer.

rer. Que cependant j'étois prêt de le dire, m'étant toûjours fait honneur à l'exemple de plusieurs Rois, Princes, & Grands de la Chrêtienté de m'avouer pour un de ses membres, d'autant plus que j'avois eu plusieurs fois l'avantage de me trouver quoique particulier, avec quelques-uns de ces derniers en Loge, en qualité de Frère de cette Societé.

Alors un des Inquisiteurs, me coûpant la parole, me demanda si son Nom étoit un mistére. Je lui répondis, que ce n'en étoit point un, que je pouvois bien le dire en Anglois & en François, mais que je ne pouvois pas le traduire en Portugais. Aussitôt tous ceux qui composoient le Tribunal, qui étoit fort nombreux cette fois, car il l'est plus ou moins suivant la quantité de Dépûtés où de Sécrètaires qui s'y trouvent, me regardérent fixement, en se mocquant de moi, & répétant tous ensemble ce mot, *Fremassòn*, où *Franc-Maçon*, dès ce moment je fûs parfaitement convaincu que j'étois leur prisonnier, uniquement à cause de la Maçonnerie.

C'est ainsi que les bruits du Public, qui interprête toûjours en mal, tout ce qu'il ignore, servent le plus souvent de régle

& de fondement, aux perquisitions des Inquisiteurs, & à leurs injustes procédures. Des Juges équitables & éclairés se laissent-ils ainsi aveugler, par la prévention & le préjugé. Ne doivent-ils pas plûtôt s'élever par leur façon de penser, au dessus des sentimens du Vulgaire ignorant, pour se raprocher de plus près de la Divinité, dont ils font les fonctions en Terre. Mais laissons-là ces réfléxions.

Ils me demandérent ensuite quelle étoit l'origine & le bût de cette Société. Je leur racontai aussitôt les Histoires & les Traditions Anciennes, touchant ce Noble Art. Je leur dis que *Henri VI.* Roi d'Ecosse s'en étoit déclaré le Protecteur & encourageoit même ses sujêts à s'en faire recevoir. Que l'on voïoit par des Manuscripts Autentiques, que les autres Rois d'Ecosse, ses successeurs, avoient un si grand respect, pour cette honorable Fraternité, à cause des preuves convaincantes, qu'elle leur avoit toûjours donné de sa fidèlité ; qu'ils avoient établi l'usage de dire lorsqu'ils buvoient ; *Dieu béniffe le Roi & le Métier ;* & qu'à l'exemple de ces Monarques, les Nobles & les Ecclésiastiques

de

de cette Monarchie, s'en étoient faits recevoir membres pour la plûparts, & que tous généralement étoient remplis d'estime pour cette Sociéte. Que d'autres traditions assûroient encore que que le Roi régnant, en étoit souvent le Grand-Maître, & qu'à son défaut, la Sociéte avoit droit d'en choisir un parmi les Nobles de ce Roïaume, qui avoit un appointement du Roi-même & recevoit un don gratuit en entrant en charge, de chaque Franc-Maçon.

Je leur dis aussi que la Reine *Elizabeth*, montant sur le Thrône d'Angleterre, dans un temps où ce Roïaume étoit extraordinairement divisé, avoit pris ombrage, de toutes les nombreuses assemblées de ses sujèts, dont elle ignoroit la cause, & avoit entreprit d'empêcher celle des Francs-Maçons, les croïant dangereuses à l'État. Mais qu'avant d'en venir à ces extrêmités, Elle avoit ordonné à quelques-uns de ses Courtisans & Favoris de se faire recevoir dans cette Sociéte, du nombre desquels avoit été l'Archevêque de Cantorberi, Primat du Roïaume. Que ceux-ci aïant obéï, lui avoient fait un rapport si honorable, & l'avoient tellement assûrée de la fidèlité

des

des Francs - Maçons, qu'ils avoient diffi-
pé tous fes foupçons & craintes politi-
ques ; & qu'enfin, depuis ce tems - là,
ils avoient joui fans interruption , dans
la Grande Bretagne, & les autres Etats
qui en dépendent, de toute la liberté
qu'ils pouvoient defirer , fans qu'on pût
leur reprocher d'en avoir jamais abufé.

Ils me demandèrent encore quel étoit
l'Inftitut, & le Bût de cette Societé. Tout
Franc-Maçon, leur dis-je, eft obligé de
promettre fur le Saint Evangile, à fa réception, qu'il fera toûjours fidèle au Roi,
& qu'il n'entrera jamais dans aucun Com-
plôt ou Confpiration contre fa Perfonne
facrée, ni contre le Païs, où il réfide
pour lors , ni contre ceux - mêmes où il
pouroit réfider dans la fuite. Je leur
dis auffi que la Charité étoit le fondement & l'Ame de cette Societé, puifqu'elle lioit tous fes membres, les uns
avec les autres d'un amour fraternel ,
& que, fans diftinction de Religion, elle
fe faifoit un devoir indifpenfable d'affi-
fter de fes Charités tous ceux, qui étoient
de véritables objets de compaffion.

Ce fût alors qu'ils m'apoftrofèrent
de menteur & d'impofteur, difant qu'il
étoit impoffible qu'une Societé fit profeffion

feſſon de pratiquer de ſi bonnes maximes, & fût ſi jalouſe de ſon Secrèt
au point d'en exclure les femmes. Je
laiſſe à juger de cette conſéquence au
Lecteur judicieux. Elle ne ſeroit certes
que trop vraie, ſi on l'appliquoit au
Secrèt que le St. Office, a tant de ſoin
de garder dans toutes ſes actions &
procédures.

Après cet interrogatoire l'on me mit dans
une baſſe foſſe, où je reſtai ſept ſemaines.
Qui pourroit bien juger de ma triſte ſituation à ce nouveau ſurcroit de malheur?
Abandonné à la miſére la plus affreuſé,
à la merci des juges les plus impitoïa-
bles, enſeveli tout vivant dans cet horrible ſouterrain, ſans eſpérance d'en ſortir,
nul ſecours, nul ſoulagement à eſpérer,
pas meme celui d'être plaint. J'avoue-
rai qu'alors je me crûs perdu ; mais la
Providence en avoit décidé autrement.
Je n'attendois plus que la mort, lorsque
cette idée effraïante, & toute terrible
qu'elle eſt, me rapellant du profond aſſou-
piſſement où ma mélancolie m'avoit ab-
ſorbé, fît renaitre en moi tout à coup ma
prémière conſtance. Je me déterminai
à ſouffrir tous les maux qu'il plairoit à

Dieu & invoqual son assistance avec beaucoup de ferveur.

Les Inquisiteurs me laissèrent quinze jours en repos, après lesquels il me fallut subir un troisième interrogatoire. Ils me firent d'abord renouveller le Serment que je leur avois fait dans le prémier, les mains sur la Bible, de garder le Secrèt de l'Inquisition & de dire la vérité sur toutes les questions qui me seroient faites.

Ils me dirent ensuite qu'ils ne pouvoient pas s'imaginer que la Maçonnerie eut pour fondement les maximes que je leur avois indiquées dans mon précedent interrogatoire & qu'on gardât le secrèt si scrupuleusement d'une chose qui ne renfermoit rien que de bon. Je leur fis remarquer à ce sujèt, que le Secrèt excitoit la curiosité, & faisoit qu'un grand nombre de personnes entroient dans cette Société, que les Sommes que les Récipiendaires donnoient, étoient très-considérables & toutes emploïées à des Oeuvres de Charité; que d'ailleurs par les secrèts reçus & pratiqués par tous les Membres de la Fraternité, un véritable Maçon connoissoit d'abord si un inconnu, qui voudroit s'introduire dans une Loge, l'étoit

ou'

ou non; que fans cette précaution cette
Société ne formeroit que des affemblées
confufes de toutes fortes de gens qu'il
feroit impoffible de retenir dans les régles de la bienféance & du bon ordre qui
font exactement fuivies par tous les Frères Maçons, puifqu'ils ne feroient pas
liés d'obligation à être foumis & fubordonnés aux ordres du Maître de la Loge;
je leur dis que fi les femmes étoient excluës de cette Société, on ne le faifoit
que pour ne pas donner occafion à la
médifance & à la calomnie: & que de
plus, comme on avoit de tout tems re-
proché à ce Sexe fragile & foible fon im-
puiffance à garder un fecrèt, les Fondateurs de cette Société avoient, en les ex-
cluant, donné des preuves fuffifantes de
leur fageffe & de leur prudence.

Ils infiftérent afin que je leur déclaras-
fe les Secrèts de l'Art. Je leur fis répon-
,, fe en ces termes: Le Serment que j'ai
,, prêté à ma Réception de ne jamais le
,, divulguer ni directement ni indirecte-
,, ment, ne me permèt pas de le dire.
,, Ma confcience & ma probité s'y op-
,, pofent & je penfe que vos Seigneuries
,, font trop équitables pour vouloir m'y
,, forcer." Ils me dirent auffitôt que le

Serment n'étoit rien devant eux & qu'ils vouloient m'en absoudre. Vos Seigneuries, leur dis-je, me font trop de grace, mais comme je ne crois pas qu'aucune Puissance terrestre puisse me délier du Serment que j'ai prêté, je suis résolu à ne jamais le violer. ç'en fût assez pour me renvoïer dans mon profond cachot où je tombai malade, au bout de quelques jours. L'on m'envoïa un Médecin, qui me trouvant très-mal, en fit son rapport au Tribunal, qui ordonna aussitôt de me tirer de ce lieu ténébreux pour me mettre dans un autre, où je pouvois tant soit peu apercevoir la lueur du jour. L'on me donna à la vérité, un prisonnier, qui avoit été amené du Brésil à l'Inquisition, & qui prît beaucoup de soin de moi pendant ma maladie, qui heuréusement ne fût pas de longue durée.

Je ne fus pas plûtôt convalescent qu'il fallut comparoître encore devant les Inquisiteurs qui me firent de nouvelles questions sur la Maçonnerie, ils me demandérent si je n'avois pas reçu quelque *Portugais* dans cette Société depuis que j'étois à *Lisbonne*. Je leur fis réponse, que je pouvois assûrer à leurs
Seigneu-

Seigneuries que je n'en avois jamais reçu aucun ; qu'il étoit bien vrai cependant que Mr. *Dom Manoel de Soufa*, Seigneur de *Calharis*, Capitaine aux Gardes, aïant oui dire que la perfonne qui avoit reçu *Franc - Maçon* le Duc de *Villeroi* par ordre de *Louis XV.* étoit à *Lisbonne*, avoit prié Mr. de *Chavigny*, qui étoit encore Miniftre de ce Monarque à la Cour de *Portugal*, de vouloir bien faire faire les perquifitions néceffaires pour me découvrir ; ce qui avoit été fait, mais que fachant, que le Roi de *Portugal*, ne vouloit point qu'aucun de fes Sujèts fe fit recevoir *Franc-Maçon*, j'avois prié deux Frères, d'aller chez ce Marquis pour lui faire part de mes craintes, & s'affûrer, qu'en cas qu'il obtint une permiffion du Roi, j'étois prêt de le recevoir dans la Fraternité ; mais que *Dom Manoel* qui fouhaitoit paffionnément alors de fe voir un de nos Membres, leur avoit répondu qu'il n'y avoit rien à craindre, & qu'il étoit au deffous de la dignité Roïale de prendre connoiffance de telles minuties. Qu'étant fûr de mon fait, de tels difcours n'avoient pas été capables de me faire changer de fentiment & que bien plus aïant apris que ce Seigneur étoit

C 3

fort

fort ménager, je m'étois servi d'une dé-
faite, en lui demandant cinquante Monnoïes d'or pour sa Réception; somme,
qui avoit été, comme je l'avois bien pré-
vû, assez considérable à ses yeux pour
rallentir ou plûtôt étoufer tout d'un coup
l'envie extréme qu'il avoit de se faire recevoir *Franc-Maçon*.

Le Prèsident me dit sur cela, qu'il étoit
vrai que Sa Majesté *Portugaise* ne vouloit
point permettre qu'aucun de Ses Sujèts
se fît recevoir dans cette Société.   Mais
que de plus, il y avoit cinq ans qu'on
avoit affiché aux portes de *Lisbonne* un
ordre du St. Père, qui deffendoit à tous
les *Portugais*, de s'y faire initier & ex-
communioit même tous ceux qui en é-
toient membres ou s'en feroient recevoir à l'avenir.   Je le priai de faire attention que si j'avois pêché en pratiquant la Maçonnerie en *Portugal*, je l'a-
vois fait par pure ignorance; puisqu'il
n'y avoit que deux ans au plus que j'y
étois.   Que d'ailleurs cette seule circon-
stance détruisoit entiérement l'accusation dont le Tribunal du St. Office me
chargeoit, disant que c'étoit moi qui
avois introduit la *Franc-Maçonnerie* dans
le Roïaume.

Il me repliqua auſſitôt, qu'étant un des prémiers de cette Société, je devois, depuis mon ſéjour à *Lisbonne*, avoir été inſtruit des ordres du St. Père. Mais je lui fermai la bouche par la comparaiſon que je fis, d'un Voïageur, qui pour arriver à *Lisbonne*, prendroit de deux chemins qui ſe préſenteroient à lui, ſans qu'il y eut à l'un ou à l'autre aucune trace de deffenſe, celui là-même que le Roi auroit deffendu ſous peine des châtimens les plus rigoureux.

Il m'accuſa enſuite de ſéduire les Catholiques Romains étrangersqui réſidoient à *Lisbonne*. Sur quoi je lui repréſentai que les Catholiques Romains devoient être plûtôt inſtruits que moi, qui étois Proteſtant, des ordres & des conſtitutions de la Cour de *Rome*. Que je croïois d'ailleurs que les ordres rigoureux de ce Pontife, n'avoient pas peu contribué à exciter la curioſité de pluſieurs d'entre eux à les engager à ſe faire recevoir Maçons. Que de plus, un homme, qui étoit regardé comme hérétique, étoit peu propre à corrompre des perſonnes qui le croïoient tel. Qu'un Catholique Romain & *Franc-Ma-*

çon

çon étoit, selon moi, le seul capable de séduire des personnes qui professoient la même Religion que lui, de gagner leur confiance ; & de lever avec succès les scrupules qu'ils auroient pû se former, tant sur les raports injurieux qu'on avoit faits de la Maçonnerie, que sur l'Excommunication du Pape, qu'un prétendu hérétique regardoit bien d'un autre œil qu'un Catholique Romain.

Ce fut ainsi que se termina ce quatriéme interrogatoire, sur lequel je n'ai pû m'empêcher de réfléchir lorsque je fûs de retour dans mon cachot. Quoi ? me disois-je à moi - même, une Société de personnes respectables par la naissance, par le rang & par la conduite, sera excommuniée uniquement parce que la Cour de *Rome* en ignorera le but : ne diroit-on pas que ce Chef de l'*Eglise* Romaine n'a la foudre en main que pour la lancer du haut du Vatican sur ceux qu'il lui plait, sans savoir s'ils sont coupables ou non ? Les crédules Romains n'ouvriront-ils jamais les yeux ? Est-ce par une semblable conduite qu'il espére les entrainer dans la folle idée de son Infaillibilité, & de l'inspiration continuelle du St. Esprit dans toutes ses actions. Qui peut

recon-

reconnoître en lui ce Pasteur qui doit périr pour la moindre de ses Brebis? Qui ne dira pas qu'il est lui même ce Lion rugissant qui tourne tout autour du troupeau pour en trouver quelqu'une à dévorer? Est-ce là suivre l'intention de la primitive *Eglise*, qui a toûjours pris la seule voïe de la douceur. N'est-ce pas plûtôt agir directement contre les Decrèts des plus saints Conciles, qui ont ordonné de prier même pour les Athées. Mais ce n'est pas d'aujourd'hui que ce Pontife agissant par passion comme les autres hommes, s'est excommunié lui-même, en lançant l'excommunication mal à propos, contre des Catholiques Romains & contre des Monarques, dont le titre seul, Fils ainés de l'Eglise, devoit les mettre à couvert, au reste il n'y a personne qui ne sente le ridicule de cette démarche de la Cour de *Rome*. Le Curé même de *St. Paul* de *Lisbonne* ne pût pas s'empêcher de le faire sentir à ses Paroissiens assemblés, lorsqu'il publia l'excommunication, contre les *Francs-Maçons* car après leur avoir demandé s'il y en avoit quelqu'un qui fût *Francs-Maçons*, ou du moins qui sût ce que c'étoit, & avoir vû par le signe qu'ils firent tous généra-

C 5

lement

lement qu'aucun n'en avoit la moindre connoissance. Pour moi, dit-il, je n'en sai pas davantage, j'ai bien entendu parler des *Anglois*, des *François*, des *Turcs* & de quantité d'autres peuples, j'en ai vû, j'en ai connu je sai ce qu'ils pensent. Mais, pour les *Francs-Maçons* je ne sai pas plus qui ils sont que l'on ne le sait à *Rome*. Cependant je vais toûjours les envoïer tous au Diable par précaution, conformément à l'ordre que j'en ai reçu de l'Inquisition. Grand Dieu, quelle précaution ! hé quel danger de laisser vivre en union fraternelle, tant de milliers d'hommes répandus dans tout l'Univers ?

Une excommunication si mal raisonnée étant le fondement & le principe des Procédures des Inquisiteurs contre les *Francs-Maçons*, on en peut reconnoitre facilement l'Injustice.

Quelques jours après, je fûs ramené devant eux, mais il ne fût plus du tout question de la Maçonnerie, ils me dirent seulement que, dans un de mes interrogatoires précédents, je leur avois dit que la Societé des *Francs-Maçons*, se faisoit un devoir d'assister ceux qui étoient dans le besoin, & s'il m'étoit arrivé de faire la Charité à quelqu'un. Je leur indiquai une femme en couche Catholique Romaine qui étoit dans la dernière misére; & qui aïant apris que les *Francs - Maçons*, faisoient beaucoup de Charités s'étoit adreslée à moi & à laquelle j'avois donné une Monnoïe d'or. Je leur dis aussi que les Cordeliers aïant fait une quête, après que leur Couvent eut été réduit en cendre, je leur avois donné sur la bourse les trois quarts d'une Monnoïe d'or; qu'un pauvre François Catholique Romain, qui étoit chargé d'un grand nombre d'Enfans, & sans ouvrage, se trouvant réduit à la dernière extrêmité, m'avoit été recommandé par quelques Frères, afin de lui donner une somme suffisante pour commencer un petit établissement & le mettre par-là en état de subvenir aux besoins de sa famille; & qu'entre sept, nous lui avions fait dix Monnoïes d'or, que je lui avois remises.

Ils m'interrompirent pour me demander si ces Charités & les autres que je pouvois avoir faites, étoient de mes propres déniers? je leur répondis que non, & qu'elles provenoient des amendes des
Frè-

Frères qui s'étoient mal comportés dans les Assemblées.

Pour quelles fautes, me dirent-ils aussitôt, est-on mis à l'amende dans vos Assemblées? Les Maçons, répondis-je, qui ont le malheur de prendre le Nom de Dieu en vain, ou de faire quelque autre Serment, ceux qui laiſſent échaper des paroles obſcênes, ou équivoques, ceux qui manquent à l'union & à la charité envers quelqu'un des Frères, ou à l'obéïſſance qui eſt dûë au Maître de la Loge, en troublant tant ſoit peu la tranquilité parfaite qui doit régner dans nos Aſſemblées, tous ceux-là, ſont condamnés à une amende plus ou moins conſidérable; ſuivant la légereté, ou la grandeur de la faute qu'ils ont commiſes.

Ils me demandérent alors le nom & la demeure des particuliers auxquels je diſois avoir faites ces charités. Je les ſatisfis ſur cette queſtion, en les aſſûrant en même tems que le dernier n'étoit point *Franc-Maçon*, & que nous aſſiſtions indiféremment toutes ſortes de perſonnes dont la probité étoit connuë & qui ſe trouvoient dans le beſoin.

Par les diſcours qu'ils me tinrent quatre jours après, que je fûs ramené devant eux,

eux, j'eus lieu de soupçonner qu'ils s'étoient informés de la vérité des faits que je leur avois avancés dans le précédent interrogatoire. J'aurois pû croire même que des charités faites avec tant de bonté & de générosité, les avoient désabusés & les avoient fait revenir de leur erreur au sujet de la Maçonnerie, si je n'eusse pas sçu qu'un prisonnier quelque innocent qu'il peut être, ne pouvoit jamais se justifier, auprès d'eux, des crimes dont ils l'avoient une fois crû coupable. Car ils ne me firent aucune question sur cette Société, mais changérent de batterie.

Ils déploïérent toute leur Rethorique pour me prouver que c'étoit un bonheur pour moi d'avoir été arrété par le St. Office, & que c'étoit un pur effet de la Bonté Divine qui vouloit me faire rentrer en moi-meme & me mettre dans le droit chemin de la Vérité, afin de travailler efficacement au Salut de mon Ame. Ils me dirent aussi que je devois Savoir que Jesus Christ avoit dit à St. *Pierre*, qu'il étoit *Pierre*, & que sur cette *Pierre* il édifieroit son Eglise ; que par conséquent je devois me soumettre aveuglément aux

ordres

ordres du Pape qui en étoit le Succes-
feur.

Je leurs répondis avec fermeté, que
je ne reconnoiſſois le Pontife de *Rome*,
ni comme le Succeſſeur de *St. Pierre*, ni
comme infaillible ; que je m'en tenois
uniquement à l'Ecriture Sainte qui devoit être la feule règle de notre Foi. Je
les priai auſſi de me permettre de jouir
des privilèges dont les *Anglois* jouiſſoient
en *Portugal*, étant dans la réſolution inébranlable de vivre & de mourir Proteſtant, & de ne pas ſe donner la moindre
peine pour faire de moi un Proſélite,
puiſque toutes celles qu'ils pourroient
prendre, ſeroient inutiles. Toutes les aſſû-
rances que je leur donnai de ma conſtance,
& de ma perſéverance future dans la Religion *Anglicanne*, ne les rebutérent point,
encouragés par l'Apoſtaſie d'un de nos Frères, que la crainte des tortures avoit forcé
de ſe faire Catholique Romain au moins en
aparence. Ils ſe flattoient qu'avec le
tems, ils pourroient auſſi me faire changer de ſentiment. Pour cet effèt, ils me
dirent qu'ils m'envoïeroient des Pères
Anglois pour m'inſtruire & m'ouvrir les
yeux ſur le miférable état, où j'étois, ſelon
eux, &, qui étoit d'autant plus déplorable

que

que je ne le connoissois pas moi-même. Je persistai toûjours à refuser leurs offres, ce qui fit que la douceur qu'ils avoient affectée au commencement de cet interrogatoire; se changea tout à coup en rage & en fureur. Ils m'accablérent d'invectives & d'injures & me traitérent enfin d'Hérétique & de Damné.

Je ne pûs m'empêcher de répondre à ses dernières injures en leur disant, que je n'étois point Hérétique & que c'étoit eux-mêmes qui étoient dans l'erreur, ce que je pouvois leur prouver au moment s'ils le jugeoient à propos.

Prenez garde, me dirent-ils alors, d'un ton d'autorité, comment vous parlez; sur quoi je leur repetai que je n'avois rien avancé que je ne pûs leur prouver, & leur adreffant auffitôt la parole; croïés-vous, leur dis-je, que ce que dit Jesus Christ dans le Nouveau Testament soit vrai? oui me répondirent-ils, mais que s'enfuit-il de là? Faites-moi la grace de me donner une Bible & je le ferai voir à vos Seigneuries, auffitôt je leur montrai le paffage où notre Seigneur nous ordonne de nous enquerir diligemment des Stes. Ecritures, ajoûtant que c'eft par elles que nous devons avoir la

Vie

Vie éternelle. Cependant le Pape & vos Seigneuries, leur dis-je, défendent la lecture de ce St. Livre & agissent en cela d'une manière diamétralement oposée aux ordres exprès de Jesus Christ. Ils me répondirent alors tous en colére que je devois me resouvenir que le même Sauveur avoit dit à *St. Pierre* & en son Nom à tous ses Successeurs que tout ce qu'il délieroit sur la Terre seroit délié dans les Cieux & qu'il n'y avoit qu'un Scélérat & un Impie, qui osât disputer contre l'autorité suprême & l'infaillibilité du Pape, qui étant le Vicaire de Jesus Christ en Terre, avoit part, pour ainsi dire, à sa Divinité même, & ne faisoit rien que par l'inspiration du St. Esprit; ce qui paroissoit évidemment par la prudence, la sagesse & la prévoïance qui le guidoient dans toutes ses actions, & qui l'avoient engagé à défendre la lecture de l'Ecriture Sainte au Peuple, de crainte qu'il n'en expliquât les passages obscurs d'une manière contraire à leur véritable sens, comme il se pratiquoit tous les jours par des Hérétiques & des Schismatiques tels que moi.

Après ce discours ils me renvoïérent, en me disant que, si je me faisois Catholique

lique Romain, je rendrois ma cause beaucoup meilleure, & que peut-être je me repentirois trop tard de mon opiniâtreté. Je leur repondis en me retirant, que je ne me sentois point disposé à les satisfaire en cela.

En effèt, je puis assûrer le lecteur, que j'ai toûjours été inébranlable dans mes sentimens de Religion, & que toutes leurs remontrances, & leurs menaces, loin de me gagner ou de m'intimider, donnoient encore de nouvelles forces à ma résistance & me fournissoient abondamment des preuves pour refuter avec succès & énergie, tous leurs argumens. Je reconnois en cela le bras de Dieu qui, par un effèt de sa pure bonté, m'a soûtenu dans des épreuves si violentes; & m'a fait perseverer constamment dans ma Ste Religion. J'espére même que dans la suite de ma vie, je donnerai des marques convaincantes des impressions vives & salutaires qu'une telle faveur du Ciel a fait sur mon cœur, par le dévouëment sincère & constant avec lequel, je me suis livré dès ce moment aux œuvres de pieté pour le reste de ma vie.

Peu de jours aprés, je comparus encore

core devant le Préfident du St. Office,
qui me dit que le Promoteur alloit lire,
en préfence du Tribunal, les chefs d'accufation ou le libelle que les Inquifiteurs
avoient formé contre moi ; m'offrant, fi
je le fouhaitois, un quelqu'un, pour deffendre ma caufe.

Je le remerciai de ces offres, préfe-
rant de la deffendre moi-même, dans la
perfuafion où j'étois, que celui qu'on
vouloit me donner, étoit, fuivant l'ufage,
un des Inquifiteurs mêmes. Je le priai
de vouloir bien permettre, que je le fiffe,
par écrit. Mais il me refufa, en me difant qu'il étoit contre l'ufage du St. Office d'accorder la liberté de la plume à
quelqu'un de fes prifonniers. Je lui pro-
pofai alors de dicter ma deffenfe en fa
préfence, ou devant quelqu'un des Inquifiteurs, à celui qu'il voudroit bien me
donner à cet effet, ce qu'il m'accorda.

Les chefs d'accufation, contenus dans
le libelle que les Inquifiteurs avoient formé contre moi, étoient ; d'avoir contre-
venu aux ordres du Pape, en pratiquant
la Franc-Maçonnerie qui étoit un affemblage horrible & monftrueux, de Sacri-
léges, de Sodomie, & de plufieurs autres crimes abominables, & que le fecrét

fi religieufement gardé, par ceux qui compofoient cette focieté, & les femmes excluës de leurs affemblées, n'étoient des preuves que trop convaincantes de cette vérité. A quoi ils avoient ajoûté que le dit Couftos aïant caufé un fcandale affreux à tout le Roïaume, en pratiquant cette Secte, & n'aïant pas voulu leur en confeffer la véritable intention ni le but, mais au contraire perfiftant à foûtenir qu'elle étoit bonne & louable en elle-même, le Promoteur du St. Office, demandoit qu'on agît contre lui à la dernière rigueur, en mettant en ufage les moïens que l'Inquifition avoit en main, & même toutes les tortures, pour le forcer à avouer que ce, dont on l'accufoit, étoit vrai.

Après qu'ils eurent fait la lecture de ce libelle, ils me le préfentérent d'un air facile pour le figner. Mais j'en compris dès le moment toutes les conféquences, & je refufai abfolument de le faire. C'auroit été en effèt m'avouer coupable de tous les crimes qu'il contenoit, & digne par conféquent des plus cruels fupplices. Voïant donc qu'ils ne pouvoient rien gagner fur moi, ils me renvoiérent avec indignation, fans vouloir me per-

met-

mettre de dire un seul mot pour ma def-
fense.

Voilà une des ruses abominables auxquelles les sçelerats ont recours pour
trouver occasion de condamner l'innocence même. Combien d'autres, moins
prévoïans dans une semblable conjon-
cture, combien d'autres, aussi hors d'eux
mêmes de se voir accusés de pareilles
abominations, & ne se possedant plus,
auroient pû sans y faire attention signer
ainsi leur condamnation ! combien même
y en a-t'il eû auxquels ce malheur est
arrivé !

Pour moi si j'évitai celui-ci , je ne pus
me souftraire à quantité d'autres qui
m'accablérent bientôt après. Je fus six
semaines , sans sortir de mon affreux
cachot, pendant lesquelles j'eus tout le
tems de réflêchir, tant sur les menaces
qu'ils m'avoient faites, que sur les differents moïens dont je pourrois me servir
pour me justifier pleinement des crimes
dont j'étois accusé. Je préparai ma réponse à leur libelle, qui ne fût à propre-
ment parler qu'une répétition de tout ce
que je leur avois déjà dit au sujet de la
Maçonnerie. La voici telle que je la
dictai à un députe du St. Office en préfence

fence de deux Inquifiteurs lorfque je comparus devant eux.

Votre prifonnier eft vivement tou‑ ché, & pénétré de douleur de fe voir, foit par l'ignorance, foit par la malice de fes Ennemis, accufé dans un libelle infernal, des crimes les plus abominables auprès de mes Seigneurs du St. Office; pour avoir pratiqué dans ce Roïaume la Franc-Maçonnerie, qui a été, & eft en‑ core aujourd'hui refpectée, non feule‑ ment par un nombre infini de perfonnes de la prémière Nobleffe de la Chrêtien‑ té, mais même par plufieurs Têtes Couronnées, qui n'ont pas dédaigné de s'en faire recevoir membres, s'étant eux‑ mêmes foumis, obligés & engagés à leur réception d'obferver religieufement les Loix & les Inftituts de ce Noble Art. Noble en effèt par le nombre prodi‑ gieux de perfonnes de la prémière di‑ ftinction, & du plus grand mérite, qui fe font gloire de le pratiquer. Plus Noble encore par les fentiments d'hu‑ milité qu'il infpire, puifque le Riche & le Pauvre, le Noble & l'Artifan, le Prince même & le Sujèt font tous é‑ gaux entre eux, quand ils font affem‑ blés, & qu'il n'y a que la vertu qui

 puiffe

puisse mettre parmi eux quelque distinction. Noble enfin par la charité que
les membres de cette Societé font profession d'exercer, & par l'amour fraternel qui les unit les uns avec les autres, sans que la difference de Naissance, de Rang & de Religion puisse y
apporter aucune altération.

Il est donc bien dur à votre prisonnier de se voir aujourd'hui la victime
de votre Tribunal, uniquement parce
qu'il est d'une Societé si respectable.
Le rang illustre, le mérite relevé, la
probité si connuë, la Majesté même de
plusieurs d'entre ceux qui en ont été
& en font encore à present les membres, devroient être regardés comme
autant de témoins fidèles & parlans,
qui plaident pour ma justification &
celle de la Maçonnerie, si injustement accusée. D'ailleurs peut-on s'imaginer, sans se rendre coupable de la
derniére injustice & de la plus grande
témérité, que des Princes Chrêtiens,
qui sont les Lieutenans de la Divinité
sur terre, & pour ainsi dire, les portraits vivans de ses grandeurs, voulussent souffrir dans leurs Etats, une
Societé qui seroit coupable des crimes

fi énormes, & qui plus eft, en devenir les complices & les auteurs en s'en rendant les Membres & les Protecteurs.

Ce que je viens de dire devroit être plus que fuffifant pour convaincre vos Seigneuries, qu'elles ont été mal informées au fujèt de la Maçonnerie , & les obliger en même tems à arrêter le cours de leurs procédures contre moi. Cependant j'ajoûterai encore quelques remarques, fi vos Seigneuries veulent bien le permettre, qui ferviront à fortifier les précedentes & à détruire toutes les mauvaifes impreffions, qu'on leur a données à l'occafion de l'ancienne Societé dont je fuis membre.

Prémièrement tous les foins que l'on prend, & les recherches exactes que l'on fait des mœurs, & de la vie paffée de tous ceux qui demandent d'y être admis, & qui ne le font qu'autant que l'on a des témoignages fûrs & inconteftables que leur vie a été fans reproche , tous ces foins , dis - je , prouvent évidemment que cette Societé n'eft coupable d'aucun des crimes dont votre Tribunal l'accufe, puifque toutes ces précautions ne tendent qu'à en bannir non feulement tous les

fcéſcélerats, mais même ceux dont les mœurs ſeroient quelque peu déréglés.

Secondement. Les œuvres de Charité que cette Fraternité ſe fait un devoir de remplir envers tous ceux qui en ſont de véritables Objèts, & dont j'ai cité à vos Seigneuries quelques petits Echantillons, prouvent encore qu'il eſt moralement impoſſible que cette Société, ſoit auſſi exécrable que votre Tribunal l'a dépeint; puiſqu'elle eſt capable d'exercer d'une manière ſi autentique, ſi louable & ſi génereuſe, une vertu, qui étant la Reine des autres, les entraine toutes néceſſairement à ſa ſuite, une vertu, avec laquelle le vice ne ſauroit compatir, une vertu, enfin auſſi géneralement négligée que la Charité, & qui eſt totalement oppoſée à l'amour des richeſſes, d'où coulent comme de leur ſource, tous les crimes même les plus énormes.

De plus les ſcélerats ſe mettent au deſſus des Loix, mépriſent le Prince & les Magiſtrats qu'il a prépoſés ſous lui pour adminiſtrer la juſtice. Ils trâment des ſéditions & des conſpirations. Les Francs-Maçons au contraire ſont remplis de reſpect pour la Perſonne du Prince

dans

dans les Etats duquel ils vivent; ils obéïssent à ses loix & révèrent dans les Magistrats la Personne sacrée du Prince qui les a établis. Ils étoufent jusqu'à la moindre pensée de sédition & de révolte; ils sont au contraire toûjours prêts à exposer & sacrifier leurs biens & leurs vies, pour leur Souverain, pour le bien & la tranquilité de ses Etats. Les scelerats entre eux prennent à tout moment le Nom de Dieu en vain, blasphement, jurent, renient la Divinité. Mais les Maçons non contens de punir ceux qui ont le malheur de jurer, punissent encore ceux qui prononcent des paroles équivoques, ou obscênes, & enfin bannissent de leur Fraternité pour toûjours, ceux qui par leur endurcissement ou par habitude, se rendent trop fréquemment coupables de quelque vice, quelque léger qu'il puisse être.

Les scelerats méprisent toute sorte de Religions, ils les tournent en ridicule, ils en parlent en des termes indignes de la Divinité qu'elles ont pour objèt: les Maçons gardent un silence respectueux sur toutes, ils n'attaquent celle de personne, ils vivent tous ensemble comme Frères, sans que la différence d'opinion

D 5

puisse

puiſſe ralentir en aucune maniére cette union admirable qui règue parmi tous les membres de cette Societé reſpectable. Je terminai ma juſtification par les quatre vers ſuivans qui ont été faits par un Maçon.

Nous ſuivons tous des ſentiers peu batus
Nous cherchons à bâtir & tous nos édifices
　Sont des temples pour les vertus
　Ou bien des cachots pour les vices.

J'ajoûtai à ce quatrain là , celui qui ſuit.

Mais du contraire hélas ! ſerai-je con-
　vaincû
Je vois l'inexorable & cruelle injuſtice
S'acharner à pourſuivre en ces lieux la
　Vertu ,
Pour mieux faire briller le triomphe du
　Vice.

Voilà, dis-je, aux Inquiſiteurs de nos Secrèts la pure vérité. J'attends avec une entière réſignation, ce que vos Seigneuries trouveront à propos d'or-donner, eſpérant que leur juſtice & leur équité ne leur permettra pas de me condamner comme coupable de
crime

crimes mentionnés dans le libelle, sous le vain prétexte, que l'on ne peut garder un secrèt que dans des choses criminelles.

Je fus renvoyé dans mon cachot sans avoir pû pénétrer l'effèt que ma replique avoit fait sur leurs Esprits. Au reste quelle impression peut faire la Verité sur des cœurs & des esprits tous Romains? N'en sont-ils pas en tout les Ennemis jurés? L'innocence la plus pure peut-elle justifier un quelqu'un devant des juges qui ne veulent pas la reconnoitre? Dont l'amour propre est le moindre défaut, & que la crainte seule de paroitre ou imprudens ou faillibles peut rendre criminels & coupables de mille & mille injustices. Mais que dis-je, ne leur est-il pas permis d'agir ainsi & a-t'on jamais vû quelque chose d'illicite à des Emissaires du Pape? Ceux qui suivent ses décrèts n'ont rien à redouter; fussent-ils en effèt plus injustes qu'Achab, à l'égard de Naboth, plus perfides que Judas, envers Jesus Christ, plus cruels que Neron à l'égard des Chrétiens, plus impies enfin que Wiclef qui adoroit des crapaux, sitôt que c'est pour l'intérêt de la Cour de *Rôme*, les portes du Ciel leur sont ouververtes. Ce font des hommes remplis de zéle pour la Religion, ce font des faints vivans dont la vie eft un tiffu de miracles & qui ne font pas rèellement ce qu'ils paroiffent faire. Grand Dieu! jufqu'à quand tant de millions d'hommes auront-ils les yeux fermés? faudrat'il, pour qu'ils les ouvrent, que le Chef de leur Eglife veuille fe faire adorer comme un Dieu fur Terre? La chofe n'eft peut-être pas fi éloignée. Déjà enivré du pouvoir qu'il s'eft acquis dans plufieurs Monarchies, où la foibleffe des Rois & la fotte crédulité de leurs fujèts, font qu'il eft refpecté & révèré dans fes fupots mêmes, il veut prouver fa fupériorité aux Monarques de l'Univers. Déjà il regarde tous les Rois, les Princes & les Souverains comme relévans de lui, comme fubordonnés à fon autorité & foumis à fes caprices. Déjà il prétend être le maître de difpofer de leurs Etats, déjà jaloux des plus beaux titres qu'on donne à la Divinité, il veut fe les approprier; ce n'eft plus comme autrefois, *fummus Pontifex*, le fouverain Pontife (ce titre lui paroit fans doute trop ufé) mais celui de Roi des Rois qu'il ambitionne à préfent,

Rex

Rex Regum; quelle extravagance & quel excès d'ambition! que ne se contente-t-'il du pouvoir sans bornes qu'il croit avoir au Ciel, & dont se sont repus ses prédecesseurs, que ne mêt-il sa satisfaction & son plaisir à faire comme eux, de nouveaux articles de Foi, à faire multiplier les mistéres reçus dans l'Eglise Romaine, en dépit de la raison & du bon sens, à damner celui-ci, à sauver celui-là, en prodiguant, ou refusant ses indulgences & ses pardons? L'heureux Mortel que le Pape! toutes ses actions sont saintes, toutes ses paroles sont autant d'articles de foi. Dit-il qu'un homme de probité est au fond des enfers? On le croit véritablement damné. Fait-il un saint d'un Héretique? Aussitôt il est regardé comme tel, le faux dans sa bouche devient vrai. Le vice en lui se change en vertu, en un mot rien ne lui est impossible. Pourquoi donc vouloir aujourd'hui étourdir les peuples de l'Univers par des preuves d'une autorité terrestre & universelle qui n'a pas le moindre fondement? ah! je le vois. Un pouvoir réel & effectif sur la terre flatte beaucoup plus son amour propre qu'une autorité sans bornes, mais imaginaire dans le Ciel. Un homme

me pour être tout fpirituel, un Chef
de l'Eglife Romaine, un prétendu Suc-
ceffeur de *St. Pierre*, un Saint vivant,
en un mot un Vicaire de Jefus Chrift,
doit-il être ainfi attaché aux vains honneurs & aux faux biens de la Terre?
mais qui ne fçait pas que les titres tous
divins dont fe pare le Pape font le plus
fouvent tout fon mérite & fes vertus.
Auffi n'eft-il pas furprenant que l'on n'en
trouve aucune dans les Inquifiteurs qui
font fes miniftres, & que l'on peut aucontraire les regarder comme des mon-
ftres de cruauté, d'impieté, & de fcele-
rateffe.

Peu de jours après que j'eus dicté les
preuves juftificatives de mon innocence,
ils me firent comparoitre devant leur
Tribunal, où préfidoit en perfonne le Cardinal *Dacunha*, grand Inquifiteur & Directeur général de toutes les Inquifitions
des païs dépendans de la Monarchie, il
m'adreffa la parole & me dit que le St.
Tribunal s'étoit affemblé exprès pour juger
ma caufe; qu'ainfi je n'avois qu'à m'examiner moi-même & voir fi je n'avois pas
d'autres raifons à alléguer pour ma juftification. je lui répondis que non, & que
je m'en raportois entièrement à la droi-

ture

ture & à l'équité de ceux qui le compofoient. Après quoi ils me firent retirer pour
me juger entre eux.

Quelques jours après, le Préfident me
renvoïa chercher & ordonna qu'on lût
un papier qui faifoit partie de ma Sentence, par laquelle j'étois condamné, pour
n'avoir pas voulu dire la Vérité & découvrir le Sécrèt des Francs-Maçons, (le
bût & l'intention de leurs Affemblées)
aux tourmens & aux tortures ufitées
dans le St. Office. On fe mît en devoir
auffitôt de l'exécuter & je fûs conduit au
moment même dans le Salon des Tortures.

Ce Salon infernal eft fait en forme de
tour quarée & ne reçoit aucun jour, on
n'y voit que des objèts triftes & effraïans;
des Echafauts, des Rouës, des Cordes,
de groffes Chaines, des Poulies, des
Echelles, des Carcans, des Anneaux de
fer, des Tourniquets & quantité d'autres inftrumens pour toutes les differentes Tortures ufitées dans l'Inquifition.
Lorsqu'on eft fur le point de donner la
queftion à quelque infortuné, on allu-
me des chandelles & on double la porte avec des matelas afin que fes cris &
fes gémiffements ne puiffent pas parvenir aux oreilles des autres prifonniers.

On

On peut aisément s'imaginer quelle devoit-être ma triste situation, lorsqu'en entrant dans ce lieu ténebreux, je me vis tout à coup environné de six satellites qui sembloient ne desirer que ma mort. D'abord ils préparérent tous les instrumens nécessaires à la torture que j'allois subir; ensuite ils me déshabilérent tout nud, à un caleçon près; & me firent étendre sur un Echafaut couché sur le dos, où, après m'avoir tiré & allongé de toutes leurs forces, ils m'attachérent par le moyen d'un carcan qu'ils me mirent au col & d'un anneau de fer à chaque pied. Une telle extension me causoit de très-sensibles douleurs, mais elles n'étoient que des avancoureurs des tourmens affreux qu'ils avoient résolu de me faire souffrir. Ils me liérent pour cet effet de huit petites cordes, deux à chaque cuisse. Ces cordes passoient dans des trous qui étoient à l'Echafaut, & au moindre signal que les barbares Inquisiteurs donnoient, elles étoient toutes tirées & serrées en meme tems par quatre boureaux qui étoient par dessous & faisoient usage pour cela de tourniquets. Pour bien juger des souffrances que j'endurai dans ce fatal moment, il n'y

a qu'à

a qu'à faire attention que les cordes qui
étoient de fil très-fin, & tout au plus
groſſes comme le petit doigt, entroient
dans les chairs juſqu'aux os & faiſoient
ruiſſeler le ſang, par les huit differents
endroits, par où elles ſerroient mes membres. Comme je perſiſtai, cependant à
ne vouloir leur déclarer autre choſe, que
ce que je leur avois dit dans mes interrogatoires, je fûs ſerré de cette manière
à quatre differentes repriſes, aïant à mes
côtés un Médecin & un Chirurgien, qui
me tâtoient les tempes & jugeoient par
là du danger de vie, où je pouvois être.
Il eſt vrai qu'étant ſenſible à mes maux,
ils me faiſoient donner de tems en tems,
quelque peu de relâche pour reprendre
mes eſprits & mes forces.

Mais pendant ces petits intervalles, il
ne faut pas penſer que je fuſſe tout à fait
en repos. Mon eſprit ſouffroit au défaut de mon corps, & les vifs ſentimens d'indignation, que me cauſoient
l'injuſtice & l'inſenſibilité de mes juges,
ne cédoient en rien, aux douleurs de la
torture. En effèt, eſt-il rien de plus
affligeant & n'eſt-ce pas inſulter réelle-
ment au malheur d'un infortuné, que de
l'accuſer d'être la cauſe des ſupplices,

qu'on lui fait souffrir injustement. Cependant c'étoit là à quoi tendoient toutes les remontrances & les avertissemens des Inquisiteurs, qui vouloient me persuader que je me rendois par mon opiniâtreté le meurtrier de moi-même, & que si je venois à mourir dans les tourmens de cette horrible torture, je ne pourrois éviter d'être éternellement malheureux.

Enfin, la dernière fois que je fus serré, comme j'étois extraordinairement affoibli, tant par la quantité de sang que j'avois répandû, que par les douleurs mortelles que j'avois ressenties, je perdis connoissance au point qu'on m'emporta dans mon cachot, sans que je m'en aperçusse.

Les Inquisiteurs aïant vû, qu'ils n'avoient rien pû obtenir de moi, & qu'au contraire plus ils me tourmentoient, plus je faisois voir de constance & de fermeté, loin de se rebuter, poussèrent la barbarie jusqu'au point de me donner, six semaines après, une autre torture, s'il est possible, encore plus cruelle que la prémière. D'abord les Exécuteurs me liérent à un poteau par le milieu du corps, les mains pendantes & la peaume

tour-

tournée en dehors. Enfuite ils m'attachérent les deux poignets avec une corde, qui étant tirée avec le fecours d'un
tourniquet, les approchoit graduellement
l'une de l'autre par derriére. Ils le firent avec tant de rigueur que les deux
revers de mes mains fe touchoient à
plomb; ce qui me démit les deux épaules, & me fit rendre beaucoup de fang
par la bouche. Ils réïtérérent par trois
fois le même tourment; après quoi l'on
me ramena dans mon cachot, où l'on
me mit entre les mains des Médecins &
des Chirurgiens, qui me firent encore
fouffrir des maux inouis, en me remet-
tant les os qui avoient été déplacés.

Qu'on aille maintenant racheter les
Efclaves à Maroc, à Tunis, ou à Alger.
Que les Chrêtiens fenfibles à leurs maux
prodiguent leurs biens pour leur foulage-
ment, pendant qu'au milieu d'eux ils fe
trouvent des infortunés, leurs compa-
triotes, leurs amis, quelquefois même
leurs parens, qui font mille fois plus à
plaindre qu'eux, & dont la délivrance
ne dépend que d'un acte méritoire devant Dieu & les hommes fenfés, je veux
dire, de la deftruction totale de l'abominable Inquifition. Quoi ? Au moment

 qu'ils

qu'ils y penfent le moins, fans en pouvoir deviner la caufe, ignorant même
fouvent leur détention & leur deftinée,
autant que les differents fupplices auquels ils font en proïe, un Père fe verra
privé pour quelques années, fouvent
même pour toûjours d'un Enfant chéri,
fon unique Efpérance, une Epoufe d'un
Mari qu'elle aime tendrement, une fille
d'une Mère fage qui veille fur toutes-fes
démarches, une famille entière d'un
Chef qui feul la fait fubfifter, & ils n'o-
feront pas feulement fe plaindre. Les
Peuples les plus barbares ont-ils jamais
pouffé plus loin la cruauté & l'inhumani-
té? Les Pirates & les Corfaires les plus
redoutables, ont-ils jamais fait voir tant
de haine & d'animofité pour leurs Efclaves? N'en a-t-on pas vû au contraire tou-
chez de compaffion, verfer des larmes
fur le malheureux fort des prifonniers de
l'Inquifition? Qui peut donc à préfent
favorifer ce Tribunal & en foûtenir l'u-
tilité? Qui ne doit pas au contraire s'in-
téreffer à fa deftruction.

Mais pour en mieux faire connoître
toute l'injuftice & la barbarie, je vais
faire le récit d'une troifième efpéce de
torture que je fubis encore, que la fu-

reur

reur feule & la rage pouvoient avoir inf-
pirée aux juges inhumains qui le compofent.

Il n'y avoit que deux mois que j'avois
effuïé la feconde torture & je commen-
çois à peine à me remettre lorfque je
fus conduit dans ce miferable falon, où
j'avois déjà été fi cruellement tourmenté.
Les Exécuteurs m'attachérent d'abord
avec une groffe chaine de fer, qui faifant
deux fois le tour de mon corps & fe croi
fant fur mon Eftomac, venoit rendre au
bout de chaque bras. Enfuite, ils me firent coucher fur le ventre & me colérent
à un échafaut où il y avoit deux poulies
à huit pieds de diftance l'une de l'autre
& toutes deux enclavées dans une plan-
che fort épaiffe. Sur ces deux poulies
rouloient deux cordes dont chacune tenoit un de mes poignets ferré avec un
des bouts de la chaine, ces deux cordes
alloient rendre à un tourniquet qui étoit
deffous l'Echafaut & me faifoient étendre les bras en me ferrant en même tems
l'eftomac à proportion qu'on les tiroit,
ce qu'on fît avec toute la cruauté imaginable. En effèt, mes poignets, mes cou-
des & mes épaules en furent démifes.
Les Chirurgiens, qui étoient préfens, me

E 3

les

les remirent auflitôt, non pas fans me cauſer de terribles douleurs, mais qui n'avoient rien cependant de comparable avec celles que je venois de fouffrir. Après quoi les barbares Inquiſiteurs n'aïant pas encore aflouvi leur fureur infernale, me firent appliquer une feconde fois à cette terrible queſtion. J'y reſſentis des douleurs mille fois plus grandes que la prémière fois & tout à fait incompréhenſibles, mais je les fupportai avec la même conſtance. Enſuite l'on me porta dans mon cachot accompagné des Médecins & Chirurgiens qui me penſérent & j'y reſtai jusqu'au jour de leur prétendu Acte de Foi.

Que fait donc votre épée, Princes & Rois de la Terre ſi l'on voit au centre de vos Etats tant de ſcelerateſſe impunie? Dieu ne vous a-t'il donné tant d'autorité que pour en faire parade aux yeux des peuples infortunés, qui vous ſont ſoumis? Ne l'avez-vous pas reçuë pour deffendre leurs intérêts, leurs biens & leurs vies au dépens de la vôtre même? Pourquoi donc paroître inſenſibles à leurs maux? Pourquoi fouffrir que Rome les facrifie ſous vos yeux à ſon ambition démeſurée? C'eſt trop longtems

tems attendre. Faites voir enfin que vous êtes les protecteurs de l'Innocence, les Ennemis & les vengeurs de l'injusti- ce. Eloignés de vos Etats un fléau si terrible à vos plus fidèls sujèts & si dan- gereux à vôtre souverain Pouvoir. Ta- rissés cette source féconde de séditions & de conspirations, que les esprits simples & foibles, ne manqueront pas d'exciter un jour à l'instigation de la Cour de Rome. Faut-il donc que le Pape vous ait enlevé vos Couron- nes & les ait déjà sur sa tète pour vous faire ouvrir les yeux sur ses dé- marches ambitieuses, & vous exciter à la vengeance des cruautés inouies qu'il exerce contre vos sujèts. Un vain scrupule de Religion, doit-il vous em- pécher de les délivrer de sa Tirannie. Frappés, il est tems, frappés ce Tribu- nal du foudre éclatant de vôtre juste colère & de vôtre indignation ; Dieu en sera glorifié, sa justice satisfaite, la Religion plus respectée, & toutes les Nations, qui vous sont soumises, dans la joïe de leur délivrance, vous béniront éternellement.

Mais finissons le triste récit de mes malheurs, & de mes souffrances. On

en

en conçoit facilement toute l'horreur, si l'on fait attention que j'ai été appliqué neuf fois à trois tortures differentes, plus cruelles l'une que l'autre par des Bourreaux auxquels l'iniquité de mes juges, donnoit encore de nouvelles forces; presque tous mes membres ont été disloqués ou démis. En un mot, j'ai été réduit à un état si déplorable, que je n'ai pû, pendant plus de trois mois, porter la main à la bouche. Je n'ai même que trop lieu de croire, qu'outre le tems dont ces supplices affreux ont abregé mes jours, j'en serai encore fort incommodé le reste de ma vie, car je ressens presque sans cesse, des douleurs très-aigues dans toutes les parties de mon Corps, & que je n'avois jamais connuës avant de tomber entre les mains des barbares Inquisiteurs.

Le lecteur pénétrant & curieux sera surpris, sans doute, de ce que je ne fais pas ici le détail des souffrances, que le Frère *Mouton* a essuyées, aïant fait celui de son emprisonnement à l'Inquisition. Mais il saura qu'étant né Romain, ainsi que toute sa famille, il a beaucoup plus de mesures à garder que moi, qui suis Protestant d'origine, c'est ce qui l'a
engagé

engagé même à me prier de le ménager,
dans mon livre autant que la prudence
l'exige en pareil cas. On peut cependant juger par les tourmens, que j'ai
soufferts, comme Maître de Loge, de
ceux qu'il a pû souffrir comme zélé Surveillant, d'autant plus que son opiniâtreté à soûtenir, que la Maçonnerie étoit
bonne louable en elle-même, & à sou-
haiter même en présence de ses juges,
que tous les hommes fussent Francs-Maçons, l'avoit rendû odieux & détestable
au St. Office.

Lorsque le jour de leur prétendû Acte
de Foi fut arrivé, nous allames tous les
deux à la Procession publique, avec tous
les autres prisonniers dont le procès étoit
fini. Lorsque nous fumes arrivés à l'E-
glise de St. Dominique, on nous lut à tous
nôtre sentence, mon ami eut le bonheur
d'être élargi, pour moi, après tous les
tourmens que j'avois déja soufferts,
j'eus encore assez de malheur, pour être
condamné à quatre années de Galère.

La Galère Portugaise est une prison
située, sur le bord de la Riviere, & qui
consiste en deux fort grandes salles, bâ-
ties l'une sur l'autre. Celle de plein
pied, est destinée pour les miserables

Fot-

Forçats, & celle du prémier étage pour
les Malades & les Officiers de cette prison, qui est le réceptacle non seulement
de ceux qui ont été prisonniers de l'Inquisition, mais aussi des Scélerats & Assas-
sins, qui aïant évité le plus souvent, le
feu ou la potence, y sont condamnés par
les Juges laïques & par les Magistrats.
On y voit aussi des Turcs faits Esclaves
sur les Vaisseaux de Barbarie ; & des
Esclaves Négres qui aïant été fugitifs,
ou méchants, y ont été mis par leurs
Maîtres, afin de les ranger à leur devoir.
Tous ces infortunés, de quelque qualité
qu'ils puissent être, sont également em-
ploïés à des travaux pénibles & honteux, tels que sont ceux de travailler aux
Chantiers où l'on batit des Vaisseaux de
Guerre, de porter le bois aux Charpen-
tiers, de décharger les Navires & d'aller
chercher l'eau & les vivres nécessaires
pour avitailler ceux qui doivent mettre à la voile pour un long voïage, on
les emploie aussi à fournir d'eau les prisons de *Lisbonne*, à arroser les jardins
du Roi, & en un mot à tous les ouvrages,
qui regardent le service de Sa Majesté &
des Officiers qui les commandent, quel-
quels vils & quelques rudes qu'ils puissent
être.

être. Mais ces maux feroient encore tolérables, fi ceux, qui font commis pour veiller fur eux, ne les traitoient avec toute la cruauté imaginable. Il n'y a qu'un feul moïen d'adoucir leur férocité, c'eft en leur donnant de tems en tems quelque peu d'argent. Tous ces forçats font attachés deux à deux par un pied feulement, avec une groffe chaine de huit pieds de long, qu'ils racourciffent lorfqu'ils jugent à propos d'en diminuer le poids & de fe foulager, en l'attachant à un crochet qu'ils ont tous à leur ceinture. On leur rafe la tête & la barbe une fois le mois; on les fournit d'habits & de bonnets de gros drap bleu; on leur donne encore à chacun une capotte de groffe Serge de la même couleur; qui leur fert de manteau pendant le jour & de couverture de lit pendant la nuit, car leur lit n'eft compofé que d'une eftrade avec une natte pour chacun.

A l'égard de la nouriture, chaque Galerien a, par jour, une livre de bifcuit fort dur & très-noir, avec fix livres de viande fallée par mois, & un boiffeau de pois, de lentilles, ou de petites fêves. Il eft vrai qu'il peut vendre ces denrées

&

& en acheter d'autres plus apetiffantes & meilleures, fi fes moïens le permettent. Mais auffi ceux qui n'aïant nul fecours d'ailleurs, font obligés de fe paffer à cette nouriture, font véritablement dignes de compaffion. En effèt, elle eft bien modique, & même tout à fait infuffifante, fi on fait attention à la diffipation des efprits qui fe fait chez eux prefque fans ceffe & de la maniére la plus confidérable, vû les travaux pénibles où ils font occupés journellement.

Dès le grand matin & cela tous les jours à peu de fêtes près, on les conduit, où l'on a befoin d'eux; & ils font obligés de travailler fans relache jufqu'à onze heures, qu'ils quittent l'ouvrage pour manger & fe repofer. A une heure après midi, on les ramène au travail jufqu'à la nuit, qu'ils reviennent à la Galére toûjours accompagnés de quelque Officier. Telle eft la vie déplorable de ces infortunés.

S'il arrive cependant que quelques-uns tombent malades, ce qui ne fe voit que trop fouvent, foit par la trop grande fatigue, foit par l'ennui & le chagrin, qui les dévorent fans ceffe; je dois à

cette

cette occasion rendre justice aux Médecins & aux Chirurgiens. En effèt, sitôt qu'un prisonnier est mis dans la salle du prémier étage, qui est comme je l'ai deja dit l'infirmerie ; ils en ont tout le soin possible, & donnent toute leur attention pour le guérir promptement. De bons bouillons même ceux de poulet ne sont point épargnés aux malades dont les Estomacs foibles ne peuvent supporter des alimens plus forts. En un mot ils les traitent avec toute l'humanité imaginable.

Mais je ne puis m'empêcher de me récrier contre les châtimens inhumains, que les cruels Commis infligent à ces malheureux pour la moindre faute. Car après les avoir couchés sur le ventre, ils les attachent à une échelle qui est par terre, & leur donnent ensuite tour à tour sur les Fesses jusqu'à deux ou trois cent coups de nerf de bœuf, ou bien d'un bout de corde goudronnée, qui enlevant la peau & quelquefois même de gros morceaux de chair, fait que souvent on est obligé de faire des incisions profondes à ces miserables pour prévenir ou retarder la gangrênne, il arrive aussi que ces plaïes dégenerant en ulcères, la plûpart en périſſent ou en ſont eſtropiés pour le reſte de leur vie. Mais le moindre accident, qui puiſſe arriver de pareils traitemens, c'eſt que ceux qui ont le malheur d'en être les victimes, ſe trouvent hors d'état de travailler pendant longtemps.

Quatre jours après la proceſſion, je fûs conduit à cette galère & dès le lendemain, raſé, vêtû, & emploïé aux travaux pénibles & ordinaires comme les autres forçats. Cependant l'air que je reſpirois en plein, la ſatisfaction de me voir délivré de ces terreurs mortelles, auxquelles j'avois été ſi longtems expoſé dans l'Inquiſition vû l'incertitude, où j'étois de l'avenir, où je ne liſois rien que d'affreux; la liberté de plus dont je jouiſſois de pouvoir parler à mes amis, après en avoir été privé pendant le long & cruel ſéjour que j'avois fait dans cette fatale priſon, faiſoient que je trouvois celui-ci beaucoup plus doux & plus ſupportable. Il eſt vrai que mon corps étant extrêmement affoibli par les cruelles tortures que j'avois eſſuiées, j'étois peu propre aux ouvrages pénibles auxquels on me mit d'abord. Ce fût de porter de l'eau aux priſons de la ville, juſqu'au

poids

poids de cent livres péſant; la crainte
que j'avois de tomber entre les mains
barbares des gardes qui m'accompagnoient, fût cauſe que je fis des efforts
prodigieux, qui me cauſérent au bout de
douze jours, une fiévre très-violente.
On me mît dans l'infirmerie, où je demeurai deux mois entiers. Pendant ce
tems-là, je reçu de fréquentes viſites des
Péres Irlandois du Couvent de Corpo
Sancto, qui venoient m'offrir la liberté,
ſi je voulois me faire Catholique Romain.
Je les aſſûrai que toutes leurs peines
étoient inutiles, & que j'attendois ma liberté de Dieu ſeul, qui me feroit trouver d'autres moïens de l'obtenir, que
par l'Apoſtaſie. Depuis ce tems-là, je
m'exemtai du travail pénible en païant
graſſement mes gardes, quoique la triſte
ſituation où j'étois, dût m'en exemter
par elle-même. Ce furent les ſecours
conſidérables que je recevois ſans ceſſe
de la Fraternité Angloiſe & Françoiſe,
qui me mirent en état de le faire & qui
occaſionnérent en quelque façon ma liberté. Car pendant que j'étois tranquile,
je réflechis ſérieuſement & je découvris
les iſſues pour me tirer promtement de
l'état déplorable où j'étois réduit.

Je

Je priai à cet effèt le Frère la *Nonnays* qui étoit de mes amis, d'écrire à mon beau-Frère, pour lui faire part de mon malheureux fort, & le prier d'implorer en ma faveur la protection de Milord Duc *d'Harington*, au fervice duquel il avoit le bonheur d'être. Ce Seigneur qui eft naturellement génereux & bien-faifant, s'emploïa auffitôt pour ma délivrance. Il en parla à Milord Duc de *Newcaftel*, prémier Secretaire d'Etat du Roi d'*Angleterre*, & l'engagea à demander à Sa Majefté, la permiffion de me faire reclamer par fon Ambaffadeur à *Lisbonne*, en qualité de fon fujèt. Sa Majéfté, toûjours attentive au bonheur de fes moindres fujèts, & prête à les foulager dans leurs malheurs, donna fes ordres qui fûrent expédiés auffitôt à fon Excellence Milord *Compton*, qui demanda au Roi de *Portugal*, ma liberté & l'obtint enfin le mois d'Octobre mille fept cent quarante quatre. L'Officier qui vint me tirer de la Galére étoit envoïé de la part des Inquifiteurs. Il me conduifit auffitôt devant eux. Le Préfident me dit que le Cardinal d'*Acunha* avoit donné fes ordres pour que je fuffe relâché.

Mais

Mais qu'il m'ordonnoit de repaſſer dans quatre ou cinq jours au plus tard.

J'eus lieu de m'apercevoir que pendant ce tems-là, j'étois ſuivi par pluſieurs eſpions du St. Office, qui rendoient compte aux Inquiſiteurs de ma conduite, & des perſonnes que je fréquentois. J'en fis mon raport à ſon Excellence & au Conſul Anglois, auxquels je communiquai auſſi les ordres que j'avois reçus à l'Inquiſition. Ils me conſeillérent tous les deux d'obéïr, avec cette précaution cependant, de prendre avec moi un ami pour avertir ſon Excellence, en cas qu'on m'arretât de nouveau. J'allai donc cinq jours après faire acte de comparition devant les Inquiſiteurs. Le Préſident me dit que le Tribunal avoit décidé, que je ne pouvois pas reſter en Portugal; qu'ainſi je n'avois qu'à leur dire le Roïaume & la Ville où je voulois me retirer. Je leur répondis que toute ma famille étant à Londres, j'étois dans le deſſein de m'y rendre le plûtôt qu'il me feroit poſſible, il m'ordonna alors de m'embarquer ſur le premier vaiſſeau, qui feroit voile vers l'Angleterre, & d'aller auſſitôt que je l'aurois trouvé, lui en dire le nom & celui du Capitaine, l'avertissant aussi du jour & de l'heure, que j'aurois dessein d'aller à bord.

Au bout de dix jours il courut un bruit, à Lisbonne qui sans doute, auroit causé ma perte, si j'y fusse resté. On disoit qu'un des Francs-Maçons, qui avoit été arrêté par le St. Office & relaché ensuite, avoit parlé indiscrétement des cruautez, qui s'exerçoient par ordre de ce Tribunal. Je crus qu'il étoit de la prudence de me mettre à couvert d'une seconde persécution en sortant promtement de cette ville. Mais comme il n'y avoit dans le port aucun vaisseau Anglois, je fus trouver Mr. le Résident d'Hollande, pour le supplier d'intercéder pour moi, auprès du Vice-Amiral Hollandois, qui étoit pour lors à la rade de Lisbonne, afin qu'il voulût bien me permettre d'aller à son bord & me mettre par-là à couvert des poursuites de l'Inquisition, ce qui me fut accordé. Je fus aussitôt avec un de mes amis informer le Président, que j'avois dessein de passer en Angleterre à bord du vaisseau Hollandois le Diamate, commandé par Mr. le Vice Amiral, qui devoit mettre à la voile dans peu de jours. Il me demanda alors, quand

j'avois

j'avois deffein d'aller à bord. Demain, lui répondis-je, fur les neuf heures du matin. Rendés-vous donc ici à cette heure-là précifement, me dit-il, & je vous donnerai des Officiers du St. Office, qui vous iront accompagner jufqués fur le Vaiffeau & vous recommanderont au Capitaine.

Ces ordres me cauférent beaucoup d'inquiétude. Je m'en ouvris à Mr. *Compton*, & à Mr. le Réfident d'*Hollande* qui me confeillérent d'agir de précaution. Je jugeai donc à propos, pour ma tranquilité & ma propre fûreté, de me rendre à bord du vaiffeau, dans le même moment, fans en aller avertir l'Inquifition, & ce fût pour moi un véritable bonheur d'avoir pris ce parti, comme les Inquifiteurs le firent connoitre le lendemain.

En effet, ils ne fe furent pas plûtôt aperçus, que j'avois manqué à l'heure prefcrite, qu'ils mîrent en Campagne une trentainne d'Efpions pour le moins. Neuf d'entre eux furent chez mon Hoteffe, s'informer de moi. Ils lui firent ouvrir tous les coffres, les armoifes, & les cabinets, qui étoient dans fa Maifon. Ils la vifitérent depuis le haut jufqu'en

 bas,

bas, & en examinérent tous les coins & recoins. Mais leurs recherches aïant été inutiles de ce côté-là, peu de jours après, quelques Inquisiteurs se mirent eux-mêmes dans un Chaloupe, & firent plusieurs fois le tour des Vaisseaux de Guerre *Hollandois*, espérant que si j'étois déja à bord de quelqu'un, je ne ferois pas la moindre difficulté de me faire voir d'autant plus que je serois en sûreté. Mais comme je ne les satisfis pas, dans la résolution où j'étois de les laisser dans l'incertitude, plûtôt que de mettre fin à leurs recherches & à leurs perquisitions qui leur coûtoient beaucoup de peine & de dépense, je ne sai pas combien de tems ils les continuérent.

Une telle avanture m'auroit fait beaucoup de plaisir, s'il n'avoit été troublé par la crainte que mon ami *Mouton*, qui avoit été mon Compagnon de souffrances & de Tortures, uniquement à cause de la Maçonnerie, n'en reçut le contre-coup, en devenant une seconde fois la victime de ce Tribunal irrité. J'en parlai à Mr. le Vice Amiral, qui avec toute la bonté & l'humanité possible, m'accorda la liberté de le faire venir à bord avec moi. Il s'y rendit dès le lendemain

&

& y fût reçu avec une joïe générale, de tout l'équipage, & avec une satisfaction incroïable de ma part. Car outre que nous avions toûjours été amis, la simpathie dans nos malheurs sembloit nous avoir encore unis davantage. Nous restames pendant quelques jours dans le port de *Lisbonne*, mais le vent étant devenu favorable, l'Escadre *Hollandoise* leva l'ancre.

Pendant tout le voïage nous eumes occasion de voir le véritable plaisir qu'un galant homme ressent, en faisant du bien & en se déclarant le protecteur des opprimés. Mr. le Vice-Amiral fit éclater d'une maniére tout à fait noble & extraordinaire; par les soins qu'il fit prendre de nous sur son vaisseau, par l'honneur qu'il nous fit de nous admettre de tems en tems à sa table & par les entretiens familiers, que nous eumes plusieurs fois avec lui. Des marques si autentiques de son estime, nous procurérent bien des attentions & des politesses de la part de tous ceux de l'Equipage. En effèt, tant que nous fûmes en mer, ils nous regardérent plûtôt comme des amis de leur Capitaine, pour lequel ils étoient remplis de respect, que comme de simples passagers

& étrangers. Enfin après une naviga-
tion fort longue & fort périlleuse, sans
avoir cependant fait la moindre dépense,
tant la libéralité de Mr. le Vice-Amiral,
étoit allé loin à notre égard, nous débarqua-
mes à *Porsmouth*. Nous y restames deux
jours pour nous refaire des fatigues, que
nous avions essuiées & nous nous rendimes
ensuite à *Londres*, où nous arrivames le
quatorze de Décembre, de l'année mille
sept cent quarante quatre.

C'est ainsi qu'aprés les plus grands
malheurs, je me vois de retour dans cet
heureux païs, où l'homme peut véritablement jouir des privilèges de sa liberté.
C'est ainsi qu'aprés les plus rudes épreuves, je puis en toute sûreté professer ma
Ste. Religion que, malgré ses terribles
menaces & les tortures les plus affreuses,
la troupe infernale des Inquisiteurs n'a
pû me faire abandonner.

Mais quelles obligations, n'ai-je pas à
ceux de qui je tiens maintenant ces
avantages. Où trouver des termes assez
forts pour faire connoître ici les vifs sentimens de reconnoissance dont nous
sommes pénétrés mon ami & moi, à
l'égard de Mr. le Vice Amiral *Hollandois*,
pour tant de dangers dont sa bonté & sa

com-

compaſſion nous a délivrés, pour des maniéres ſi obligeantes, pour des attentions ſi marquées, & pour tant de bienfaits dont ſa généroſité nous a comblés?

Quelles actions de grace, n'ai-je pas à rendre en mon particulier, à ſa Grandeur le Duc de *Newcaſtel*, & à Milord Duc d'*Harington*, qui ont été comme les Inſtrumens, dont Dieu s'eſt ſervis pour me rendre la liberté?

Quelle fidélité & quel attachement inviolable, ne dois-je pas avoir pour Sa Majeſté *Georges* II., qui a bien voulu s'abaiſſer juſqu'à s'intéreſſer pour un miſerable forçat? Ma vie même, que je ſerai toûjours prêt de ſacrifier pour ſa Perſonne ſacrée & pour toute ſon Auguſte famille, pourroit-elle compenſer ce que je lui dois? Ne m'a-t'-il pas donné plus que la vie en me rendant la liberté?

Que me reſte-t'-il donc à faire, ſinon de prier la divine Providence de recompenſer elle-même ces hommes tous divins, ou plûtôt ces Anges tutelaires, qu'elle envoïe pour délivrer ceux qui l'invoquent avec confiance dans leur ad-

ver-

verſité, & qui méttant tout leur plaiſir à faire du bien aux Mortels, méritent & leur reſpect & leur véneration.

SECON.

SECONDE PARTIE

De l'Origine de l'Inquifi-tion.

Es Papes toûjours attentifs aux moïens d'augmenter leur autorité, n'ont jamais négligé aucun de ceux qu'ils ont crû pouvoir y contribuer. La Religion même n'a pas été un des derniers, qu'ils ont emploïé avec fuccès. Non contens de fe qualifier des beaux titres de fucceffeurs de St. Pierre, & de Vicaires de Jefus Chrift, ils fe font attribués un pouvoir & des vertus bien au deffus de fes prémiers Difciples, & ils ont pouffé la préfomption & le ridicule, jufqu'à fe donner pour infaillibles.

Cependant les Princes Chrêtiens, s'é tant laiffés infatuer de leur prétenduë fainteté & les regardant comme des Divinités fur Terre, & comme les dif-penfateurs des graces celeftes, leur avoient fait de tems en tems, & à l'envie les uns des autres des conceſſions ſurprenantes. Ils leur avoient même cedé leurs plus beaux privilèges, pour mériter leur protection, & les avoient rendus ainſi les Arbitres des Têtes Couronnées.

Mais comme il arrive aſſez ſouvent, que l'on n'a pas plûtôt fait une démarche que l'on en eſt faché ; quelques-uns de ces Princes venant à ouvrir les yeux & ſentant tout le poids des chaines, dont ils s'étoient chargés eux-mêmes, réſolurent de les rompre. Pour cet effet, ils ne balancérent point à s'oppoſer ouvertement aux deſſeins ambitieux & aux progrès rapides de la Cour de Rome vers l'Autorité univerſelle. Mais il étoit dejà un peu tard. Elle leur fît ſentir toute l'étenduë de ſon autorité ſpirituelle & temporelle. Elle commença d'abord par les déclarer Heretiques & les excommunier. Après quoi voïant leur opiniâtreté, elle alla juſqu'à leur enlever leurs Etats en relevant leurs ſujets du ſerment de fidélité & les engageant à choiſir pour leurs Souverains des Princes plus ſoumis & plus obéïſſans, c'eſt-à-dire de vils Eſclaves de ſes volontés & de ſes caprices.

Les

Les Empereurs jaloux & indignés de voir les Papes pousser leur autorité au delà des justes bornes, ne negligérent aucune occasion de la rabaisser, & de lui donner des limites plus étroites. Ce qui fit que vers le milieu de l'onziéme siècle, il survint de furieux démélés entre eux, & qui fûrent poussés de part & d'autre jusqu'aux derniéres extrêmitez pendant plus de cinquante ans.

On peut bien s'imaginer combien l'Hérésie prit de forces pendant tout ce tems-là, puisqu'avant ces troubles, lorsqu'ils agissoient de concert ensemble, ils n'avoient pû venir à bout de la reprimer. On en vît même plusieurs autres prendre naissance & qui ne s'attachérent pas seulement à combattre les mistéres, comme avoient fait toutes celles, qui avoient paru jusqu'alors, mais qui attaquérent la Morale, la Discipline & sur tout l'Autorité du Pape.

La Cour de Rome vit bien alors les dangers dont elle étoit menacée, si elle ne trouvoit un frein pour les reprimer, avant que leur contagion devint plus générale. Mais comme elle savoit que les Princes les favorisoient sous main, elle fût obligée de dissimuler.

Elle

Elle fe contenta, en attendant l'occafion de pouvoir les détruire, d'écrire aux E vêques & aux Princes mêmes, dont elle faifoit femblant d'ignorer les fentimens, afin de les engager à ne rien épargner, pour exterminer tous les Hérétiques, ou plûtôt les Ennemis, du St. fiège & de l'Autorité Papale. Mais cette démarche fût tout à fait infructueufe.

En effèt, les Princes ne fe mirent pas fort en peine de le faire, foit qu'ils ne vouluffent pas perdre des gens, qui étoient fi propres à abaiffer l'autorité du Pape & à relever la leur, foit que leur Doctrine ne les rendit pas fi coupables, à leurs yeux que la Cour de Rome vouloit l'infinuer, foit enfin que la politique qui change fuivant les circonftances & les differens intérêts, les leur fît envifager comme des perfonnes dont les nouveautés en fait de Religion, loin d'être contraires au bien de leurs Etats, ne pouvoient au contraire que les délivrer eux-mêmes plus fûrement des malheurs auxquels ils étoient expofés de la part de la Cour de Rome, & dont ils avoient vû plufieurs exemples.

Les Eveques même n'entrérent point dans fes vûës. Car foit qu'ils ne fuffent

pas

pas affez forts pour réfifter au torrent, foit qu'ils craigniffent de déplaire aux Princes dont ils n'ignoroient pas les fentimens, la Cour de Rome n'en tira aucun fervice dans cette occafion. De façon que les Heretiques devinrent fi nombreux & fi puiffans qu'ils firent ouvertement la guerre aux Papes.

Les Arnaudiftes qui étoient de ce nombre, les réduifirent meme aux plus grandes extrêmités. Ils les contraignirent plus d'une fois de fortir de Rome & d'aller chercher azile ailleurs pour fe mettre à couvert de leur vengeance.

Les Vaudois & les Albigeois qui leur fuccéderent, ne fûrent pas moins ennemis de l'autorité Papale, ni moins ardens à l'attaquer. La protection que leur accordérent Raimond, Comte de Toulouze & les Comtes de Foix, de Comminges & de Befiéres, les rendit encore plus audacieux & plus formidables.

Dans cette fâcheufe circonftance, Innocent III., Pape auffi entreprenant qu'heureux dans fes entreprifes, forma le deffein de publier contre eux une Croifade. C'étoit un moïen dont fes prédeceffeurs s'étoient fervis avec beaucoup de fuccès pour accroître leur autorité.

rité. Mais avant d'en venir à la force, il crût qu'il devoit avoir recours aux voïes de douceur. Pour cet effèt, il envoïa des Missionnaires dans le Languedoc dont Dominique fût le Chef. Il venoit de former un Ordre de Religieux, qui porte encore son nom aujourd'hui, il avoit avec lui Pierre de Château-neuf. Leur Mission ne fût pas d'une grande utilité pour la conversion des Hérétiques. Au contraire leurs prédications les irritérent au point que le dernier fût assassiné à Toulouse en 1200.

Le Pape résolut alors d'emploïer les armes temporelles, & publia contre eux une Croisade, accordant des indulgences à tous ceux qui s'armeroient contre ces Mahometans, car c'est ainsi qu'il les appeloit pour animer davantage les Croisés. Elle eût tout le succès imaginable. Raimond fût forcé de se soumettre & donna sept des principales villes de Provence & de Languedoc pour sûreté de sa parole. Plusieurs autres fûrent prises & tous leurs habitans passés au fil de l'épée sans distinction d'âge ni de Sexe. Les Comtes de Foix & de Comminges imitérent bientôt Raimond dans sa soumission. Celui de Beziéres tint encore

long-

longtemps après eux lui seul, contre tous les Croisés, mais à la fin il fallut céder à la force, ou plûtôt il se trouva arrêté & prisonnier du Pape, par la plus noire trahison, & par conséquent obligé de souscrire à tout ce qu'on desira de lui.

A cette guerre ouverte contre les Vaudois & les Albigeois succeda celle de l'Inquisition, qui acheva de détruire les restes malheureux de ces peuples. Ce fût le Pape qu'il l'établit, dans la persuasion où il étoit que, quoiqu'on pût faire à force ouverte, il en resteroit toûjours un grand nombre qui persisteroit dans leurs sentimens & qui feroit dans le particulier profession de leurs Dogmes, s'il n'y avoit un reméde subsistant, c'est-à-dire un Tribunal uniquement appliqué à la recherche des Heretiques & aux moïens de les punir. Ce fut ce Tribunal qu'on appella l'Inquisition. Dominique fit tant par ses soins & appuié de l'autorité du Pape, qu'il l'établit à Toulouse. Il se tenoit dans la Maison d'un Seigneur de cette ville, qui étoit infecté d'Heresie lorsque Dominique y étoit arrivé, mais qui aïant profité des instructions de ce Missionnaire, avoit été ramené au giron de l'Eglise Romaine, & s'étoit
con-

confacré à lui & à fon Ordre en lui faifant même une donation de Sa Maifon
& de tous fes biens.

Les Inquifiteurs (car c'étoit le nom de
ceux qui compofoient ce Tribunal)
n'étoient chargés alors que du foin de
s'informer de ceux qui étoient Heretiques, de leur nombre, de leurs forces
& de leurs richefles, pour en informer
enfuite les Evêques qui feuls pouvoient
juger des affaires Eccléfiaftiques, &
anatématifer les Heretiques ou les punir,
fuivant qu'ils le jugeoient à propos, pour
l'intérêt & le bien de la Religion.

Mais Innocent n'étant pas fatisfait &
croïant qu'il y avoit de la nonchalance
dans les Evêques & leurs Officiaux,
parce que felon lui leur Zèle n'étoit pas
affez ardent, & n'alloit pas affez vite à
la perte des Heretiques, crût qu'il trouveroit dans les Religieux des deux Ordres
de Dominique & de François nouvellement inftitués, toutes les qualités requi-
fes pour remplir dignement ce nouvel
Emploi.

En effèt, ils avoient un attachement
aveugle à la Cour de Rome, & on ne
pouvoit le porter plus loin. Ils étoient
abfolument dévoués à fes intérêts. Ils
avoient

avoient de plus tout le loifir imaginable, n'étant diftraits par aucune occu-
pation réelle & confidérable. C'étoit
des gens fortis de la lie du peuple,
fans parenté, fans liaifon qui pût arrêter le cours rigoureux de leurs procédures. Ils étoient dûrs & infléxibles.
La retraite & l'auftère févérité, dont
ils faifoient profeffion, mais dont ils pa-
roiffoient s'ennuïer, la pauvreté que
l'on voïoit dans leurs habits & dans
leurs Monaftéres, bien differens alors
de ce qu'ils font aujourd'hui, & fur
tout la mendicité & l'humilité, à laquelle leurs Fondateurs mêmes s'étoient
engagés trop témérairement, toutes ces
raifons les rendoient fort capables d'exercer cet Emploi d'une maniére, à mériter l'approbation & les louanges des
Papes, d'autant plus qu'ils le regardoient
comme un adouciffement à la rigidité
de leurs vœux & comme une charge qui
flattoit agréablement leur amour propre,
dont ils ne s'étoient défaits qu'en apparence.

Innocent s'étant donc affûré de gens
fi dévoués à fon fervice, ne penfa plus
qu'aux moïens de leur donner une Autorité despotique. Il leur établit un Tri-

bunal particulier, où ils tenoient leurs
séances & jugeoient en dernier reſſort les
Hérétiques, comme juges délegués &
repréſentans ſa Perſonne, il leur donna
auſſi, pour augmenter leur autorité, &
les faire reſpecter davantage, le pouvoir
d'accorder des Indulgences, de publier
des Croiſades, d'animer les Peuples &
leurs Princes à prendre les armes pour la
deſtruction & l'extirpation de l'héréſie,
& de ſe mettre eux-mêmes à leur tête
pour les commander.

L'an 1244. l'Empereur Frederic II.,
rendit quatre Edits à Pavie qui ne tendoient qu'à augmenter leur autorité en
leur accordant des privilèges très-conſidérables. Par ces Edits il recevoit les
Inquiſiteurs ſous ſa protection, leur at-
tribuoit la connoiſſance du crime d'Héréſie, laiſſant cependant aux Juges ſé-
culiers le ſoin de faire le procés aux
Hérétiques quand ceux-ci auroient jugé
de l'Héréſie. Il ordonnoit auſſi la peine
du feu pour les Obſtinés & celle de la
priſon perpétuelle, pour ceux qui feroient Abjuration.

Si Frederic cependant parut ſi zélé
pour la Religion, ce ne fût probable-
ment qu'à deſſein de détruire les bruits
que

que les Papes, avec lesquels il avoit de très-grands démêlés, avoient fait répandre dans toutes les Cours de la Chrétienté. L'on disoit en effèt, que cet Empereur vouloit abandonner la Religion Chrétienne, pour se faire Mahometan. Au reste il fît plus que tous ses prédecesseurs, car aucun d'eux n'avoit jamais condamné aux derniers supplices un seul de ses sujèts pour cause de Religion.

Mais quelque motif qui pût engager ce Prince, à agir contre eux avec tant de févérité, il est certain que s'il en tira quelque avantage, il le païa bien cher, lui & ses successeurs. Car la Cour de Rome, profitant de l'autorité qu'il avoit donnée aux Inquisiteurs, s'en servit depuis ce tems-là, avec succès contre les Empereurs & leurs Partisans, tant en Italie qu'ailleurs. Elle eût grand soin même de l'augmenter encore, afin de les rendre plus redoutables, & de pouvoir les emploïer dans la suite utilement, contre ceux qui pourroient choquer la puissance temporelle des Papes, en les faisant arrêter & supplicier sous le vain prétexte de Religion. Les faits sur ce point sont trop constans,

pour

pour qu'on puisse les revoquer en douce. Jean XXII, en l'An 1322. fit informer par les Inquisiteurs, contre Mathieu Visconti, Seigneur de Milan. Il fut déclaré Hérétique, & cette déclaration fût suivie d'une Bulle des plus rigoureuses, qui deffendoit à tous les Princes d'Italie, tout commerce avec lui & ses Sujèts. L'on sait cependant que toute son Hérésie consistoit à avoir, comme Vassal de l'Empire, épousé trop vivement le parti de l'Empereur, Louis de Baviere, avec lequel ce Pape vouloit se brouiller pour des prétentions très-mal fondées.

La même année, l'Evêque de Ferrare, & Frère-Bon Inquisiteur, informérent contre les Princes de la Maison d'Este, & les déclarérent Hérétiques, le tout pour avoir repris Ferrare, dont les Papes s'étoient emparés.

Mais sans aller chercher des exemples si loin, on sait que tant que Philippe II. Roi d'Espagne, fût en différent avec Paul IV., pour des intérêts purement temporels, ce Pape ne faisoit aucune difficulté de dire, tout hautement & même en plein Consistoire, que le Roy d'Espagne étoit Hérétique & que son

Père

Père Charles V., l'avoit été tout comme lui; mais comme il n'étoit pas en état de faire valoir cette accusation contre un Prince si puissant; ces reproches ne servirent qu'à faire connoître à toute la Terre que, c'étoit être Hérétique à Rome, que de choquer tant soit peu les intérêts temporels des Papes.

Ces faits font voir que Frederic ne connoissoit pas bien ses propres intérêts, ou du moins qu'il n'y pensoit pas, lorsqu'il augmenta si indiscretement le pouvoir des Inquisiteurs. Il eut tout lieu de s'en repentir quelque temps après. Les démélés qu'il avoit eus consécutivement avec plusieurs Papes firent que Grégoire IX. ne voulut plus garder de mesures avec lui. Il l'excommunia en effèt, trois differentes fois, & fit soulever contre lui la Lombardie & une partie de l'Allemagne. Il alla même jusqu'à publier une Croisade comme il auroit pû faire contre un Prince infidéle, & à faire révolter contre lui son propre fils, si l'on veut en croire certains Historiens.

La mort de ce Pape lui donna un peu de relâche. Mais Innocent IV., qui ne voulut rien rabattre des prétentions de ses Prédecesseurs contre l'Empereur,

avec

avec qui cependant, il avoit été extrêmement lié d'amitié tant qu'il n'avoit été
que Cardinal, fît voir qu'il n'y a aucune
raison qui puisse tenir contre l'Ambition,
& que la Cour de Rome va toûjours
invariablement à ses fins, sans que rien
soit capable de la faire désister d'une entreprise où elle croit qu'il y va de sa
gloire & de ses intérêts.

L'Empereur de son côté ne voulant
rien céder, poussa si vivement ce nouveau Pape, avant qu'il eût amassé de
l'argent, qu'enfin il le força de quitter
Rome. Mais ce fut là la cause de son
malheur. Car s'étant retiré à Lion, il y
convoqua un Concile général, pour traiter de l'Excommunication & de la déposition de Frederic.

Cet Empereur prévoïant l'orage, qui
alloit se former sur sa tête & en redou-
tant les suites, prit le parti de la soumission. Il voulut s'accommoder avec le
Pape à des conditions tout à fait oné-
reuses pour lui, & bien satisfaisantes
pour la Cour de Rome, mais ce fût inutilement. Les Rois de France & d'Angleterre sollicitérent beaucoup en sa faveur, mais ils ne purent rien gagner sur
l'esprit de ce Pontife, tant son ressentiment

ment étoit grand & le plaisir de la vengeance flatteur à son amour propre.

Le Concile s'étant enfin assemblé, Frederic fût excommunié & déposé. Mais ce qu'il y eût de plus facheux pour lui, c'est qu'une partie de l'Allemagne confirma aussitôt, ce que le Concile avoit fait en se revoltant contre lui, & se choisissant un autre Empereur. Ce fût Henri Landgrave de Turinge & de Hesse. Mais il perdit bientôt l'Empire & la Vie tout à la fois, dans un combat que lui livra Conrad fils de Frederic. Après sa mort, le Pape eût encore assez d'Autorité pour faire élire en sa place, Guillaume, Comte d'Hollande. Celui-ci n'auroit pas été plus heureux que son Prédecesseur sans la mort de Frederic, qui obligea Conrad d'aller prendre le Commandement de son armée d'Italie, pour empêcher ses ennemis d'entrer dans les Roïaumes de Naples & de Sicile, qu'ils vouloient lui enlever. Il fût donc tranquile possesseur de l'Allemagne, mais ce ne fût pas pour longtemps. Sa mort suivit de près le départ de Conrad. Les divisions qui régnoient alors dans ce Païs fûrent cause que les deux Factions opposées élurent deux Empereurs, qui mou-

G 4

rurent

rurent peu de tems après & dont la mort fût suivie d'un interrègne de vingt ans.

Cet interrègne étoit trop avantageux au Pape pour le faire cesser comme il l'auroit pû très-aisément. Il lui donnoit à ce qu'il prétendoit dans l'Empire tous les droits de l'Empereur, & la liberté d'agir dans la Lombardie, comme s'il en eût été le maître absolu, aussi bien que dans une bonne partie de l'Italie.

Innocent étoit trop habile pour ne pas profiter de ces avantages. Il résolut donc d'établir l'Inquisition en Italie & dans les autres lieux, où il pourroit avoir assez d'autorité pour la faire recevoir ; & comme les Dominicains & les Franciscains avoient fait voir un courage & une intrépidité plus grande qu'il n'auroit pû l'espérer dans leurs fonctions d'Inquisiteurs, s'étant même exposés aux plus grands dangers plûtôt que d'y manquer en quelque chose, il ne vouloit pas confier à d'autres ce Tribunal. Mais cela ne pouvoit se faire sans y trouver beaucoup d'obstacles.

Cette affaire fût mise en délibération dans le Conseil du Pape, qui y trouva des difficultés qu'il n'étoit pas facile de surmonter. La prémiere étoit que tous les
Evê-

Evêques, qui avoient droit de connoître des Hérefies & d'impofer les Châtiments Eccléfiaftiques, ne fe laifferoient pas aifément dépouiller de cette prérogative; qu'ils ne manqueroient pas de repréfenter, qu'en qualité d'Evêques, qui étoient munis d'autorité & de moïens fuffifans pour faire recevoir l'Inquifition, ils étoient plus propres à l'exercer que des Moines nouvellement établis & peu connûs; qu'on leur avoit déjà affez fait de tort, en fouftraïant ces Moines de leur jurifdiction, à laquelle les Canons & l'Ufage de l'Eglife les foumettoient, fans encore les rendre les juges de leurs Troupeaux & peut-être d'eux-mêmes, dans un point auffi délicat que celui de la Doctrine & de la Croïance. Qu'il y auroit trop de violence à paffer par deffus leur oppofition & à l'établir malgré eux. Qu'à la vérité le refpect des peuples pour le St. Siege étoit fort grand, mais qu'il ne l'étoit pas moins pour l'E-pifcopat, ce dont on avoit une preuve inconteftable en ce que tous les fidèles n'attribuoient d'autorité fuprême à l'E-glife que dans les Conciles Géneraux. Qu'enfin le St. Siége étoit redevable d'une partie de fon autorité aux Evêques qui

G 5

s'en

s'en étoient dépouillés en sa faveur, & qu'il étoit de son intérêt de s'entretenir avec eux dans l'union la plus étroite.

La seconde raison étoit qu'on ne pouvoit pas établir l'Inquisition de la manière qu'on l'avoit projettée, sans priver les Juges laïques du pouvoir, qu'ils avoient toûjours eu de faire le procès aux Hérétiques, & qui leur avoit été confirmé par les ordonnances de Frederic II., lorsqu'il vouloit même augmenter le pouvoir des Inquisiteurs.

Enfin il étoit à craindre que les Princes & les Evêques ne s'opposassent avec vigueur, & ne portassent aussi leurs sujèts à s'opposer à l'Erection de ce nouveau Tribunal, qui les souftraïant à leurs juges naturels, les affujetissoit à d'autres plus dûrs & plus inflexibles.

D'ailleurs, il n'y avoit pas de doute que tous les Princes de la Chrétienté, ne voulussent maintenir leurs Magistrats, dans toute l'autorité, qu'ils leur avoient donnée, & qu'ils ne permettroient pas, qu'on partageât l'autorité Souveraine, à laquelle le droit de vie & de mort étoit attaché, pour en revêtir des Inquisiteurs. Ces obstacles, qui paroissoient insurmontables, ne le fûrent cependant pas.

pas. Le Pape, qui vouloit parvenir à ses fins, trouva des modifications qui pouvoient engager les Evêques & les Princes à souffrir l'érection de ce Tribunal.

La prémiere étoit que les Evêques seroient déclarés juges des Hérétiques, conjointement avec les Inquisiteurs, & qu'on ne feroit rien sans leur participation. Qu'ils assisteroient à ces jugemens toutes fois, & quand ils le jugeroient à propos. Que cependant la Cour de Rome profiteroit de toutes les occasions favorables, pour que l'Autorité suprême restât entre les mains des Inquisiteurs. Qu'il arriveroit de là, que les Evêques, qui avoient dès ce tems-là plus d'attachement aux honneurs, qu'aux fonctions de leur Ministére, se contenteroient aisément de ce partage d'autorité, & qu'enfin s'appercevant peu à peu qu'il ne leur restoit que le nom de juges des Hérétiques, ils céderoient sans peine ce droit aux Inquisiteurs, qui pourroient alors agir en toute liberté & avec une dépendance absolue de la Cour de Rome.

La seconde étoit qu'il falloit travailler à contenter les Princes par des apparences, comme on auroit fait les Evêques.

Que pour cet effet, leurs Magistrats auroient le droit de choisir les Officiers subalternes de l'Inquisition. Qu'ils pourroient donner un Affesseur aux Inquisiteurs, lorsqu'ils iroient faire la visite dans les lieux de leur reffort; & qu'enfin on pourroit se relâcher plus ou moins, suivant les oppositions qu'ils pourroient faire, pourvû que ce ne fût que sur des points peu importans.

Ces difficultés surmontées, il s'en présenta une autre d'autant plus forte que l'intérêt y avoit plus de part. Il falloit trouver des fonds pour fournir aux frais de l'Inquisition. C'est-à-dire, aux apointements des Inquisiteurs, aux gages des Officiers subalternes, à la garde des prisons, à la nouriture des prisonniers, à l'exécution de leur sentence, & enfin à toutes les autres dépenses, dont on ne pouvoit se passer, pour faire subsister ce Tribunal avec honneur. Pour y subvenir, le Conseil résolut d'engager les Communautés des lieux où ce Tribunal seroit établi, à fournir à tous les frais néceffaires.

Les choses ainsi ajustées; on envoïa des personnes affidées & adroites dans les Provinces pour les disposer au nou-

vel

vel établissement, qu'on vouloit y faire. On choisit pour cet effet des Religieux Dominicains, & qui eurent aussi la charge d'Inquisiteurs dans la Lombardie, la Romagne & la Marche d'Ancône.

Comme les motifs qui avoient donné lieu à cet établissement, ne pouvoient être plus spécieux, qu'on n'avoit pas encore éprouvé les inconvéniens de l'Inquisition, & que même on ne pouvoit pas les prévoir, elle fût reçuë assez paisiblement. Ce qui donna lieu au Pape, qui savoit admirablement bien profiter de ces avantages, & des conjonctures favorables à ses desseins, d'adresser une Bulle aux Magistrats, Recteurs & Communautés des Villes où ce Tribunal avoit été établi. Elle contenoit trente & un Chapitres, qui étoient autant de Réglemens par rapport aux Inquisiteurs & à leur pouvoir. Le Pape y avoit ajoûté deux ordres très exprès, l'un d'enregistrer sans délai, dans tous les Gréffes publics, la dite Bulle & ses ordonnances, nonobstant opposition quelconque, se reservant à lui seul de juger ensuite, de leur validité. L'autre donnoit le pouvoir aux Inquisiteurs, ou plûtôt leur enjoignoit d'excommunier tous ceux qui
refu-

refuferoient de fe conformer à ces ordres
& à ces décrèts.

Cependant le Pape craignant de com-
promettre fon autorité, n'entreprit d'a-
bord d'établir l'Inquifition que dans les
trois Provinces, que nous avons nom-
mées. Encore y forma-t'on tant d'op-
pofitions contre la Bulle dont nous venons de parler, que fon Succefleur fût
obligé de la renouveller pendant fept
ans, & d'y apporter même quelques modifications auxquelles ils n'avoit pas voulu
confentir d'abord. Malgré ces modifications & les Excommunications que lan-
çoient les Inquifiteurs contre les Oppo-
fans, il ne laifla pas de s'en trouver, qui
refuférent encore de l'accepter. C'eft
ce qui donna lieu à Clément IV., de renouveller cette Bulle pendant fix ans con-
fecutifs. Mais il ne gagna rien. Quatre
Papes fes fuccefleurs n'oubliérent rien,
pour la faire recevoir, mais avec encore moins de fuccès. Il fallut enfin fe
relâcher.

On fe plaignoit de l'exceffive févérité des Inquifiteurs, qui étoit d'autant
plus infupportable qu'on n'y étoit point
encore accoûtumé. On n'oublioit pas
la rigueur extraordinaire, dont ils
ufoient

uſoient pour lever les revènus, qui leur avoient été aſſignés, on les accuſoit même d'avoir ſous ce prétexte, fait des exactions très-conſidérables. En un mot les Villes & les Communautés diſoient hautement, qu'ils ne vouloient plus fournir aux frais de l'Inquiſition.

La Cour de Rome jugea qu'il falloit agir de condeſcendance dans cette occaſion, & pour remédier à ces plaintes, elle affranchit les Villes & les Communautés des fraix qu'ils avoient faits juſqu'alors pour ce Tribunal, & donna aux Evêques un peu plus de pouvoir qu'ils n'en avoient dans ſes Procedures & ſes jugements.

Elle tira même deux avantages très-conſidérables de cet arrangement, le prémier fût que les Inquiſiteurs ne dépendant plus des Peuples pour leur ſubſiſtance, devinrent plus attachés à ſes intérêts. Le ſecond plus grand encore, fût que l'Inquiſition ne trouva plus d'oppoſition dans la Lombardie, la Romagne & la Marche d'Ancone, & que de plus elle fût reçuë dans la Toſcane, dans l'Etat de Gênes & généralement dans toute l'Italie, excepté dans le Roïaume de Naples & l'Etat de Veniſe.

Innocent, Alexandre, Urbain, Clément

ment & les sept Papes qui leur succedé-
rent, firent tout ce qu'ils pûrent pour
engager les Venitiens à se conformer
aux autres Etats d'Italie, mais inutilement. La conduite que l'Inquisition tenoit, contribua beaucoup au refus obstiné
de ce peuple. On ne parloit par tout
que des desordres & des séditions cau-
sées par les prédications & la conduite
imprudente & emportée des Inquisiteurs.
Au prémier caprice qui prenoit à ces
faux Zélés, ils publioient des Croisades
contre les Hérétiques & les Croisés faits
à la hâte, au lieu de servir la Religion,
ne s'occupoient qu'à se venger de leurs
ennemis, & à dépouiller de leurs biens
une infinité d'Innocents, sous le vain
prétexte d'Hérésie dont ils n'étoient
point du tout coupables.

Milan & Rome avoient été sur le
point de périr, par les séditions qui s'y
étoient ainsi excitées, & l'on n'enten-
doit de tous côtés dans l'Italie, que des
plaintes améres contre les Inquisiteurs &
l'Inquisition. Le Sénat de Venise qui est
celui du monde, qui connoît le mieux
ses intérêts, se servit avantageusement
de ces désordres, pour justifier son refus.

Nicolas

Nicolas IV. ne se rebuta point de toutes les tentatives inutiles, que ses Prédecesseurs avoient faites ; il les renouvella & le Sénat prévoïant qu'il seroit enfin obligé de recevoir avec dépendance l'Inquisition de Rome, en établit une de son autorité propre, qu'il mêla de juges Ecclésiastiques & Laïques; il lui fit des loix particulieres & bien différentes de celles qui suivoient les autres Inquisitions d'Italie, & elle n'étoit pas à beaucoup près si rigoureuse, il prit aussi toutes les précautions qu'il crût les plus capables d'empêcher les scandales & les désordres que ce Tribunal avoit causés dans tous les autres lieux, où il avoit été reçû.

L'acte de son établissement fût dressé dans la forme la plus autentique & envoïé au Pape le quatre du mois d'Août, de l'année mille deux cent quatre vingt neuf. Quoique ce Pontife ne goûtât pas les modifications du Sénat, il ne laissa pas de confirmer l'acte, qui lui fût présenté, par une Bulle datée du vingt huit du même mois d'Août, dans l'espérance que peu à peu les Venitiens pourroient se relâcher. Cependant les espérances de la Cour de Rome ont été vaines jusqu'à présent. Leur Républi-

que sage & prudente, bien loin d'abro-
ger les anciennes loix, en fait de nouvelles, à mesure qu'elle a lieu de craindre, que le Pape n'ait dessein d'attaquer
son autorité en voulant étendre celle de
l'Inquisition.

Quelle gloire pour cette République
de voir dans ses Etats le Tribunal de l'Inquisition soûmis & subordonné aux ordres & aux loix que le Sénat lui a impo-
sés, & lui impose encore aujourd'hui,
pendant que ce Tribunal le plus terrible,
le plus cruel & le plus redoutable qu'il
y ait dans l'Univers, a une autorité tout
à fait despotique dans tous les lieux, où
il a été reçû pûrement & simplement;
& que les Princes & les Rois même ne
sont pas à l'abri de ses poursuites & de
son ressentiment.

Pour ce qui est du Roïaume de Naples, ce Tribunal n'y a jamais été reçû.
Les differends, presque continuels des
Papes & des Rois de cette Monarchie,
en fûrent d'abord la cause. Et depuis
que les Rois d'Espagne s'en sont rendus les Maîtres, quelque bonne intelligence qui ait pû régner entre eux & la
Cour de Rome, les choses sont toûjours
restées sur le même pied, par une raison
assez singulière; c'est qu'elle a toûjours
voulû

voulû que cette Inquifition dépendit du St. Siége, parce que ce Roïaume en relève, & que les Rois d'Efpagne au contraire ont toûjours prétendu qu'elle dépendroit du Grand Inquifiteur d'Efpagne. Ces obftacles ne pouvant être levez, les Evêques de Naples font reftés en poffeffion de juger les Hérétiques.

Lorfque l'Inquifition fût une fois établie en Italie, la Cour de Rome forma le deffein de la faire recevoir dans toute la Chrêtienté. Elle eût quelques heureux commencemens en Allemagne & en France; mais par les violences & les cruautés que ce Tribunal exerçoit, il fût chaffé de quelques villes par des foulevemens populaires, & les Inquifiteurs abandonnérent les autres de leur bon gré, parce qu'ils y étoient l'objèt de la haine & de l'averfion du public, qu'ils jugérent bien qu'ils ne pourroient jamais furmonter.

L'Inquifition fortant de France regagna en Efpagne, au delà de ce qu'elle venoit de perdre. Les Rois d'Arragon la reçûrent dans tous les Etats dépendans de leur Couronne. Les efforts que l'on fit pour la faire recevoir dans les autres Etats de cette partie Occidentale de l'Europe, fûrent tout à fait inutiles. On s'y

 oppofa

opposa par tout avec fermeté , ce qui fit qu'elle perdit beaucoup de son autorité dans le Roïaume d'Arragon , jusqu'à ce que Ferdinand, Roi de cette Monarchie & Isabelle de Castille, qui, par leur mariage, avoient réuni sous un même chef, presque tous les Etats d'Espagne, lui eurent rendu sa prémiere Autorité dans l'Arragon , & l'eurent répanduë ensuite dans toute l'Espagne. En effèt, ce ne fût que l'an mille quatre cent quatre vingt quatre que l'Espagne fût tout à fait assujettie au joug de l'Inquisition.

Ce fût à un Dominicain, qui s'appelloit Jean de Torquemada , que la Cour de Rome en eût l'obligation. Comme il étoit Confesseur d'Isabelle , il lui avoit fait promettre avant qu'elle parvint à la Couronne, que si jamais elle montoit sur le Thrône , elle n'épargneroit rien pour exterminer les Hérétiques & les Infidelles. Comme elle y parvint & qu'elle porta pour dote à Ferdinand le Roïaume de Castille, ce surcroit de puissance lui fit concevoir le dessein de conquérir celui de Grénade , & de renvoïer les Maures au delà du Détroit. Cette entreprise réussit, les Maures furent subjugués, tout ce qu'ils possedoient en Espagne , leur fût enlevé, & on les con-

contraignit enfin de se soumettre ou de repasser en Afrique. Il ne laissa pas que d'en rester un fort grand nombre en Espagne, qui y furent retenus par des mariages, ou par les differens établissemens, qu'ils y avoient faits, ou par des raisons de commerce, ou enfin parce qu'ils y avoient des biens en fonds. Ferdinand & Isabelle, qui ne pouvoient pas les forcer à quitter tous l'Espagne, sans dépeupler entièrement les Etats qu'ils venoient de conquerir, consentirent qu'ils y demeurassent, à condition cependant qu'eux & les Juifs embrasseroient la Religion Chrêtienne. Ces misérables se trouverent obligés de recevoir la loi du Vainqueur, c'est-à-dire, qu'en apparence ils se firent Chrêtiens.

Torquemada prétendit que cette dissimulation porteroit un tort infini à l'Eglise & à l'Etat. Il sollicita la Reine alors, d'exécuter la promesse qu'elle lui avoit faite. Il se servit de toutes les raisons de Politique & de Religion, pour l'y engager. Il lui représenta que le meilleur moïen de contenir ces peuples, nouvellement conquis, dans l'obéïssance & dans la Religion, qu'on les

avoit

avoit forcés d'embrasser, c'étoit d'établir l'Inquisition. Et que d'ailleurs ce Tribunal ne pourroit apporter aucun dommage à l'autorité Roïale, puisqu'il dépendroit d'elle & du Roi son Epoux. Enfin il fit tant par ses priéres & ses remontrances que cette Princesse lui promît de ne rien négliger. Pour cet effèt, elle en parla à Ferdinand, qui d'un commun accord avec elle demanda & obtint des Bulles du Pape Sixte IV., en l'An 1478. pour l'établissement de l'Inquisition dans tous ses Etats.

Torquemada avoit trop bien servi le St. Siége pour n'en être pas recompensé. Le Pape le fit Cardinal, & Ferdinand à la sollicitation d'Isabelle, le fit Inquisiteur Général de toute la Monarchie d'Espagne. Il répondit si bien à l'attente de ses bienfaiteurs, que dans l'espace de quatorze ans qu'il exerça cette charge, il fit le procès à plus de cent mille personnes, dont il y en eût six mille de condamnés au feu.

Depuis ce tems-là, les choses fûrent poussées si loin par l'aveuglement des Princes, que Philippe II. Roi d'Espagne, établit l'Inquisition même sur les Vaisseaux de Guerre, en l'an mille cinq

cent

cent soixante & onze. Ce fût dans ce
tems-là qu'il fit armer une grosse flotte
sous le commandement de Jean d'Autri-
che, & comme il fût obligé de prendre
des Matelots de toutes sortes de Nations & de Religions, il craignoit que
ce mêlange ne corrompît la Foi Romaine.
Pour remédier à cet inconvénient, après
avoir consulté Pie V., il députa un des
Inquisiteurs d'Espagne, pour veiller sur
cette flotte, avec pouvoir de présider
dans tous les Tribunaux & célébrer des
Actes de Foi dans toutes les villes, où elle
pourroit aborder. Le prémier se célébra
dans la ville de Messine, où plusieurs
Matelots & Officiers même, fûrent punis de differens supplices par ordre de
cet Inquisiteur.

Pour ce qui est du Portugal, la maniére dont plusieurs Historiens nous disent
que l'Inquisition s'y est introduite, paroît
un peu fabuleuse. Cependant nous allons la
raporter en peu de mots. On dit que ce
fût par le stratagême de Jean Pérez de Saa-
vreda, natif de Cordouë, qui aïant le secrèt
de contrefaire les Lettres Apostoliques, &
aïant amassé par ce moïen trente mille ducats environ, s'en servit pour faire recevoir
ce Tribunal en Portugal. Pour cet effèt, il

feignit

feignit d'être Cardinal Légat du St. Siége, & après avoir formé sa Maison, qui consistoit en cent cinquante Domestiques, il fût reçu en cette qualité à Séville & logé avec beaucoup d'honneur à l'Archevêché. S'étant ensuite avancé sur les Frontiéres de Portugal, il dépécha un de ses Secrétaires au Roi, pour lui faire part de son arrivée sur ses terres & lui porter en même tems de fausses lettres du Pape, de l'Empereur, du Roi d'Espagne, & de quelques autres Princes Séculiers & Ecclésiastiques, qui prioient tous Sa Majesté de vouloir favoriser les pieux desseins de ce Légat. Le Roi ravi de cette Légation, lui envoïa aussitôt un Seigneur de sa Cour pour le complimenter & l'accompagner dans son Palais, où il demeura trois mois, il eût le bonheur de réussir dans son dessein, après quoi il prit congé de Sa Majesté, & partit fort satisfait d'avoir introduit l'Inquisition en Portugal. Malheureusement pour lui il fût découvert sur les Frontiéres de Castille & reconnu pour un ancien Domestique d'un Seigneur Portugais. Il fût arrêté prisonnier & condamné à dix ans de Galére. L'arrêt fût exécuté & il y demeura plusieurs années. Mais en l'an

mille

mille cinq cent cinquante six ; Paul IV, désirant de le voir, obtint du Roi son élargissement.

L'Inquisition s'est toûjours conservée en Portugal depuis ce tems-là : & c'est le plus rigide & le plus cruel de ces tribunaux d'aujourd'hui. C'est de celui-là aussi dont nous parlerons maintenant.

Il y a quatre Tribunaux de l'Inquisition dans les Etats du Roi de Portugal, savoir à Lisbonne, à Cuimbra, à Evora & à Goa dans les Indes Occidentales. La jurisdiction de ce dernier s'étend sur tous les Païs que le Roi de Portugal possede de l'autre côté du Cap de bonne Espérance.

Outre ces quatres Tribunaux, il y a encore un Conseil suprême qui se tient à Lisbonne, dont toutes les Inquisitions de Portugal dépendent. Ce Conseil est composé d'un Inquisiteur Général, qui est nommé par le Roi, & confirmé par le Pape. Il a droit de nommer tous les Inquisiteurs des différentes Inquisitions, dont nous venons de parler. Il a sous lui cinq Conseillers, un Promoteur Fiscal, un Secrétaire de la Chambre du Roi, deux Sécrétaires du Conseil, un Receveur, deux Relateurs, deux Qualifi-

cateurs, un Alcaïde, & plusieurs autres
petits Officiers. Ce Conseil suprême a
une Autorité entiére sur toutes les autres
Inquisitions de Portugal, qui ne peuvent
pas faire d'Acte de Foi ni d'Exécution
Générale sans sa permission. Il vuide
les differends qui peuvent naître entre les
Inquisiteurs, & ses décisions sont sans ap-
pel. Il peut faire des Loix nouvelles.
Enfin son autorité est si grande qu'il n'y
a personne, qui ne tremble au seul nom
de ce Tribunal, & que le Roi même
n'ôse le choquer. En effèt, personne ne
l'a jamais fait impunément comme nous
le prouverons dans la troisième Partie
de cet Ouvrage. Nous avons dit qu'il y
avoit en Portugal, quatre Tribunaux de
l'Inquisition qui dépendoient du Conseil
suprême. Chacun d'eux est composé de
trois Juges Inquisiteurs, de deux Sécrétaires, d'un Promoteur Fiscal ; d'un
Juge, d'un Sécrétaire & d'un Receveur
des biens confisqués, d'Assesseurs, de
Conseillers, de Médecins & Chirurgiens,
de Familiers, de Visiteurs, d'un Messager,
d'un Geolier, d'un Portier & enfin d'un
Exécuteur, qui en a sous lui plusieurs
autres.

C'est ainsi que dans l'Eglise Romaine,
on

on a vû depuis longtems deux fortes de juges en matiére de Foi. Les prémiers font ceux qui le font en vertu du rang qu'ils tiennent, tels que font le Pape & les Evêques, qui fitôt qu'ils font ordonnés & confacrés, croïent avoir reçu du Ciel un droit & un pouvoir abfolu fur les Hérétiques.

Les autres ne font que des juges délégués du Pape, qui croit être le juge fuprême en matiére de Foi, & qui leur donne les mêmes Privilèges qu'il a lui même & une jurisdiction abfoluë fur tous les Hérétiques & Apoftâts. Tels font les Inquifiteurs qu'on appelle, Juges Apoftoliques.

Cette charge eft dans l'Eglife Romaine, une fi grande dignité qu'on leur donne les mêmes titres qu'aux Evêques. Clement IV, pour leur faire honneur & leur donner plus d'autorité les aïant fouftraits à la juridiction des Evêques des païs où ils réfident, ils ne relèvent plus aujourd'hui que de l'Inquifiteur Général du Roïaume.

De plus ils ont les Privilèges de publier des Edits contre les Hérétiques & d'augmenter les fupplices contre eux, d'excommunier, de fufpendre, d'inter-

dire

dire tous ceux qu'ils jugent à propos sans qu'aucune personne que le Pape & eux, puisse relever ceux qui ont encouru ces peines, à moins qu'ils ne soient à l'Article de la mort. Les Inquisiteurs peuvent faire prendre un Hérétique même dans une Eglise, où il se seroit réfugié sans que l'Evêque du lieu puisse s'y opposer, pour quelque raison que ce puisse être. C'est en quoi ils ont plus d'autorité que les Rois qui ne peuvent le faire.

Aucun Prélat ou Légat du St. Siége ne peut publier de sentence d'Excommunication, Suspension, ou Interdit, contre les Inquisiteurs ou leurs Secrétaires, sans un ordre exprès du Pape de peur que par une telle démarche, les affaires de la Religion ne souffrent, & les Hérétiques ne restent impunis.

Les Inquisiteurs peuvent défendre aux juges séculiers de procéder contre une personne, au sujet d'un procès qu'ils auroient eux-mêmes intenté.

Urbain IV. leur a accordé le Privilège de s'absoudre les uns les autres & leurs Assistans, de toutes les fautes qu'ils pourroient avoir commises par une suite de la fragilité humaine, & pour lesquelles

ils

ils auroient encouru l'Excommunication

Ils peuvent de plus accorder des Indulgences de vingt ou de quarante jours à tout Particulier qui paroit pénitent suivant qu'ils le jugent àpropos.

Ils ont le droit d'abfoudre tous les Religieux, Compagnons & Notaires de l'Inquifition, des pénitences auxquelles ils auroient pû être condamnés & cela pour trois ans, s'ils ont travaillé de bon cœur, aidé & affifté personnellement à la pourfuite des Hérétiques & de ceux qui les deffendent ou les recélent. Lorsque quelqu'un d'eux meurt en pourfuivant un fi pieux ouvrage, un Inquifiteur peut lui donner un pardon en plein de tous fes péchés.

A tous ces Priviléges ajoûtons ceux qui ont le plus de rapport au Tribunal de l'Inquifition en faifant voir les Fonctions de chacun de fes Officiers. D'abord les Inquifiteurs en vertu des dénonciations, informations & accufations portées contre quelqu'un de quelque qualité & condition qu'il foit, donnent leurs ordres pour le citer, l'arrêter, l'emprifonner & le mettre aux fers. Ils reçoivent la confeffion & la dépofition des prifonniers du St. Office. Ils ordonnent

nent la Queftion & les Tortures pour ar-
racher de leur bouche l'aveu des fautes
dont ils font accufés.   C'eft eux enfin
qui les condamnent définitivement.   Ils
peuvent pour fe foulager fe nommer des
Vicaires ou des Affiftans, qui officient
pour eux quand ils font abfens ou malades & qui, à peu de chofe près, ont le
même pouvoir.   Ces derniers ne peuvent être dépofés que par ceux des Inquifiteurs qui les ont établis & qui peuvent en nommer plus ou moins fuivant
qu'il en eft befoin, fur quoi il eft bon de
remarquer que dans chaque Ville qui dépend de l'Inquifition, il doit y avoir pour
le moins un Affiftant & un Commis-
faire.

Le fecond Officier eft le Promoteur
fiscal: c'eft lui, qui aïant connoiffance
des Accufés, reçoit les dépofitions des
Témoins & demande enfuite aux Inquifiteurs qu'ils foient pris & emprifonnés.
C'eft lui en un mot, qui fe porte leur accufateur & qui plaide contre eux lorfqu'ils font arrêtés.

Les Sécrètaires doivent tenir un Re-
giftre exact des Prifonniers, du jour de
leur détention, des Chefs d'Accufation
qu'on a portés contre eux & du nom des
témoins

témoins qui ont dépofé ; ils doivent auffi en regiftrer tous les ordres que les Inquifiteurs donnent aux Exécuteurs & aux autres Officiers du St. Office, & renfermer foigneufement tous ces écrits, pour que perfonne ne puiffe les lire, que ceux qui font du Secrèt de l'Inquifition.

Le juge des biens & effèts confifqués eft juge entre le fifc & les particuliers dans les caufes qui ont quelque rapport avec les biens & effèts des prifonniers de l'Inquifition.

Le Receveur des biens confifqués, doit les vendre & en appliquer l'argent fuivant les ordres que les Inquifiteurs lui donnent. Il doit être préfent lorfque l'Exécuteur & les autres Officiers féqueftrent ces biens, ce qui ne fe fait jamais que par ordre d'un Inquifiteur. Il doit auffi avoir un Inventaire des effèts des prifonniers figné de l'Exécuteur & des Sécrètaires.

Les Sécrètaires des Sequeftres ont foin de faire cet inventaire, & ils y comprennent non feulement les biens & effèts qu'on trouve en la Poffeffion des prifonniers, mais encore ceux qui peuvent être entre les mains d'autres perfonnes, qui n'oferoient en diftraire la moindre

partie

partie sans s'exposer à la rigueur de l'Inquisition. Les fonctions des Exécuteurs consistent à remplir avec fidélité les ordres des Inquisiteurs & particulièrement à arrêter les Criminels, à les poursuivre s'ils sont à quelque distance, à les garder soigneusement lorsqu'ils sont entre leurs mains, & même à les mettre aux fers pour pouvoir les rendre plus sûrement aux prisons de l'Inquisition.

Les Familiers sont les Archés de l'Inquisition quoique ce soit un emploi très-vil dans toutes les autres Cours Criminelles, cependant il est si honorable dans celle-ci qu'il n'y a pas un Seigneur Portugais qui ne soit Familier du St. Office. Ce qui leur fait tant ambitionner cette charge, c'est qu'il y a eu un Pape qui a accordé à ceux qui l'auroient, les mêmes indulgences plénières que le Concile de Latran avoit accordées à ceux qui étoient allés au secours de la Terre Ste. Ce sont eux qui accompagnent les Inquisiteurs & qui dans le besoin les deffendent contre les insultes des Hérétiques. Ils escortent aussi l'Exécuteur quand il va saisir les criminels, & sont obligés de faire tout ce que les principaux Officiers de l'Inquisition trouvent

propos

propos de leur ordonner pour le service du St. Office, ils ont le droit de se servir d'armes mais avec discrétion.

Les Affesseurs & les Conseillers sont des personnes versées dans le Droit Canon & Civil, que les Inquisiteurs consultent dans des cas épineux, & dont cependant ils ne suivent les avis, qu'autant qu'ils le jugent à propos. Ils n'en font usage le plus souvent, que pour donner à leurs jugemens plus de poids, par les précautions qu'ils prennent pour en mieux imposer au Public.

Les Visiteurs sont des personnes préposées par l'Inquisiteur Général, pour aller dans toutes les villes, où il y a des Commissaires, s'informer de leur exactitude à découvrir les Hérétiques & lui en faire leur raport, afin que lui & son Conseil puissent y aporter les remédes convenables. Ils doivent suivre de point en point ses instructions, ne point loger chez ceux dont ils doivent épier la conduite, & ne recevoir aucun présent d'eux ou de quelqu'un qui leur en voudroit faire de leur part. Leur nombre est plus ou moins grand, suivant la quantité de villes, qui se trouvent dans les Provinces où l'Inquisition est établie. Tous les Officiers de ce Tribunal doivent prêter ferment en préfence des Inquifiteurs, qu'ils rempliront fidèlement l'emploi, qui leur eft confié, qu'ils garderont fcrupuleufement le fecrèt fur tout ce qui fe paffe dans l'Inquifition, qu'ils n'en révéleront jamais la moindre chofe fous quelque prétexte que ce puiffe etre, confentant s'ils y contreviennent, d'être privés de leurs emplois & punis avec la derniére rigueur, fe foûmettant auffi au jugement du St. Office, qui ne reçoit à ce fujèt aucune excufe, tant le fecrèt eft eftimable aux yeux des Inquifiteurs.

Quoiqu'il y ait tant d'Officiers de l'Inquifition, les Papes ont cependant ordonné par différentes Bulles à tous les Magiftrats, de donner toute l'Affiftance poffible non feulement aux Inquifiteurs, mais auffi aux moindres Officiers de ce Tribunal qui pourroient en avoir befoin dans l'exercice de leur charge, fous peine d'encourir les châtimens Eccléfiaftiques.

Les Inquifiteurs étant, comme nous l'avons dit ci-deffus, les juges délégués par le Pape, pour décider des matières de Foi & pour extirper l'Héréfie, ils ont fous ce fpécieux prétexte, le pouvoir de

pro-

procéder contre toutes fortes de perfonnes, de quelque condition & dans quelque état qu'ils foient, foit par eux
mêmes, foit par le Confeil fuprême du
Roïaume, ou par celui du Pape, qui a
trop d'intérêt à la foûtenir pour ne les
pas appuïer de toute fon autorité.

Il eft vrai cependant qu'il faut en
excepter les Officiaux & Légats du
Siége Apoftolique avec les Evêques.
Mais s'ils ne font pas directement fu-
jets de ce Tribunal, les Inquifiteurs
peuvent cependant déclarer leurs crimes au St. Siége qui en connoît & en
décide.

Il en eft de même des Généraux des
Ordres Religieux, & des Grands Maîtres des Ordres Militaires de Religion,
qui ne peuvent être jugés que par l'Inquifiteur Général du Roïaume, où ils
font leur féjour, ce qui fait que les
Inquifiteurs font contens & rempliffent
tout ce qu'ils doivent au Pape en les dénonçant. Enfin, ils peuvent procéder
contre toutes fortes de Laïques fans
diftinction, infectés & foupçonnés d'Héréfie, fans même en excepter les Princes & les Rois. Mais cependant, pour
fe mettre à couvert des revers qui

pour-

pourroient leur arriver, en procédant contre des personnes si distinguées & contre des Têtes Couronnées, ils consultent le Pape dans des occasions, & procédent ensuite suivant les régles que la Cour de Rome leur a préscrites.   Il n'y a donc personne qui soit à l'abri des Procédures de l'Inquisition, sur tout s'il parle avec mépris de ce Tribunal.   Car c'est là un crime infiniment au dessus de la plus grande Hérésie aux yeux des Inquisiteurs.

Après avoir vû quels sont les Priviléges de l'Inquisition, & les differens Officiers, dont elle est composée ; voïons quels sont les cas & les personnes, qui font exposées & soumises aux jugemens de ce Tribunal.

Le premier cas est l'Hérésie. Mais on l'étend si loin qu'il y a peu de personnes, qui ne soient du moins intérieurement Hérétiques. En effet, on comprend sous le nom d'Hérétique, tous ceux qui disent, écrivent, enseignent, ou pratiquent quelque Dogme contraire à l'Ecriture Ste, aux Articles de Foi & sur tout aux Traditions de l'Eglise Romaine. Ceux qui ont abjuré la foi Catholique, pour embrasser quelque autre Religion,

ou

ou qui, sans changer de Religion, louënt les coûtumes & les cérémonies des autres, ou bien en pratiquent quelqu'une; ceux qui croïent qu'on peut faire son salut, dans toutes sortes de Religions, pourvû qu'on y soit engagé de bonne-foi. Ceux qui désaprouvent quelque cérémonie, quelque usage, ou quelque nouveauté reçuë dans l'Eglise Romaine, & même dans l'Inquisition. On comprend encore sous le nom d'Hérétique tous ceux qui pensent, disent, ou enseignent quelque chose de contraire aux sentimens reçûs à Rome, touchant l'autorité Souveraine & illimitée des Papes, leur supériorité sur les Conciles meme Généraux & leur pouvoir sur le temporel des Princes; aussi bien que ceux qui disent, enseignent, ou écrivent contre les décisions faites par les Papes sur quelque matiére que ce soit.

Le soupçon d'Hérésie, qui est le second cas, a encore plus d'étenduë. Car pour l'encourir il ne faut qu'avancer quelque proposition, qui scandalise ceux qui l'entendent, ou même ne pas déclarer ceux qui en avancent de pareilles. L'on est aussi soupçonné d'Hérésie lorsqu'on méprise, qu'on outrage, ou qu'on

 déchi-

déchire quelque image, qu'on garde chez
foi, qu'on lit ou qu'on donne à lire des
livres condamnés par l'Inquisition.

Il suffit encore pour tomber dans ce
foupçon de s'éloigner des usages ordinaires aux Catholiques Romains en matiére
de Religion & de piété, comme de paffer une année entiére fans fe confeffer &
communier, de manger de la viande les
jours deffendus, & de négliger d'aller à
la Meffe les jours commandés par l'E-
glife.

Enfin, l'on foupçonne d'Héréfie les Eccléfiaftiques, qui réïtérent les Sacremens
qui ne fe réïtérent pas ; ou qui entre-
prennent de fe marier ; de même que
les particuliers, qui étant déjà mariés
prennent encore une ou plufieurs femmes.

Il suffit même pour qu'on vous foupçonne d'Héréfie, d'avoir affifté une feule
fois aux Sermons de ceux, que l'on appelle Hérétiques, ou à quelqu'un de leurs
autres Exercices publics ; de négliger de
comparoître à l'Inquifition, lorfqu'on y a
été cité, ou de fe faire abfoudre dans
l'année lorfqu'on a été excommunié ; d'a-
voir quelque Hérétique pour ami, d'en

faire

faire estime, de le loger, de lui faire des présens, ou même de lui rendre visite, & surtout d'empêcher qu'il ne soit mis à l'Inquisition. De lui donner les moïens de se sauver quelque raison d'amitié, de devoir, de reconnoissance, de pitié, d'alliance, de parenté qui l'ait porté à le faire. On pousse sur cela les choses si loin dans l'Inquisition, que non seulement, il n'est pas permis de sauver un Hérétique, mais on est même obligé de le dénoncer, quand ce seroit un Pére, un Frére, un Mari, une Femme, & cela sous peine d'Excommunication, & de se rendre soi-même suspect d'Héréfie. Auquel cas on est également exposé aux rigueurs de l'Inquisition comme fauteur de l'Héréfie.

On comprend sous le nom de Fauteur, ceux qui parlent sans permission aux Prisonniers, ou qui leur écrivent pour leur donner des Conseils, ou simplement pour les consoler. Ceux qui gagnent par argent ou autrement les témoins pour les obliger à se taire ou du moins à favoriser les accusés dans leurs dépositions; ceux qui cachent, volent, brûlent, ou s'emparent de quelque maniére que ce soit des papiers, qui peuvent servir à convaincre quelque prisonnier de l'Inquisition.

Enfin ce qu'il y a de plus extraordinaire, c'est que tout commerce avec les Hérétiques, ne fût-il que pour le trafic, rend suspect d'Hérésie; l'on ne peut même éviter de tomber dans ce troisième cas, si connoissant des Hérétiques ou même des personnes suspectes, on ne va pas les déférer au St. Office, quelque raison que l'on ait de ne le pas faire.

Le Quatriéme cas soûmis à ce Tribunal, comprend les Magiciens, les Sorciers, les Devins & autres semblables, que l'on croît plus fréquens en Italie, que par tout ailleurs, parce que les femmes y sont extraordinairement curieuses & crédules. Je ne m'arrêterai pas à faire un détail des accusations, qui se font en pareil cas, qui ne renferme que des superstitions ridicules, qui font plutôt l'effet d'une imagination blessée, que d'une volonté déréglée & d'un cœur corrompu. On se contentera de dire que de tout les cas soûmis aux jugemens de l'Inquisition, il n'y en a point qui remplisse cette prison d'un plus grand nombre de femmes de toutes conditions. Pour le Blasphême qui est le cinquiéme

cas

ças foûmis au jugement de ce Tribunal, quoiqu'il soit fort connu & un des plus grands crimes, cependant les Inquisiteurs n'en prennent point connoiſſance, qu'autant qu'il renferme quelque Héréſie. Nous n'en raporterons point d'Exemples, parce que ce sont des choſes, qu'il convient mieux d'ignorer que de ſavoir.

Quoique les Juifs, les Mahométans & les autres Infidéles ne ſoient pas ſoûmis à l'Inquiſition en beaucoup de choſes, ils le sont néanmoins dans la plûpart des cas, dont nous venons de faire mention. En effèt, ils sont ſujèts à ce Tribunal, pour avancer ou publier quelque choſe de contraire aux Articles de Foi de la Religion Romaine. Ainſi un Juif qui nieroit la Trinité ou l'Incarnation du Verbe, ſeroit puni comme Hérétique On puniroit auſſi ceux qui empêcheroient quelqu'un de leur Religion, de ſe faire Chrétien, ou qui engageroient quelque Romain à embraſſer la leur, ou le favoriſeroient dans ce deſſein.

Enfin, il ne leur eſt pas permis de vendre, de débiter, ni même de garder le Talmud, ni aucun autre livre deffendu par l'Inquiſition, & qui refute ou traite

avec

avec mépris la Religion Romaine, ils ne peuvent pas même donner de Nourices Chrétiennes à leurs enfans, ni rien faire qui puisse indiquer un manque de respect pour la Papauté.

L'Inquisition prend connoissance de tous ces cas & les punit avec d'autant plus de séverité, que la crainte d'être exposés aux supplices les plus cruels, les oblige souvent à changer de Religion. Encore leur sort ne devient-il pas meilleur par ce changement; car ils sont toûjours distingués par le nom de Chrêtiens nouveaux, titre auquel est attaché un si grand mépris, qu'un ancien Chrêtien ne voudroit pas s'allier avec une fille dont l'Aïeul, le Bisaïeul, ou même le Trisaïeul auroit porté ce titre. Un tel mépris fait qu'ils s'unissent tous entre eux beaucoup plus étroitement, pour se rendre les services mutuels, qu'ils ne peuvent tirer d'ailleurs. Mais cette union est le plus souvent la source des plus grands malheurs pour ces infortunés. En effèt, il suffit qu'un Chrétien nouveau, qui l'est cependant dans le fond du cœur, soit attaché à d'autres Chrétiens nouveaux comme lui, pour être soupçonné de Judaïsme, arrêté ensuite

par

par le St. Office, & accusé même par un grand nombre de dépositions & de témoignages. C'est ce qui fait que la plûpart abandonnent les lieux où ce Tribunal est établi.

Le Sixiéme cas sujèt à l'Inquisition, regarde ceux qui résistent à ses Officiers & qui troublent sa jurisdiction en quelque chose. Comme l'une des prémiéres maximes de ce Tribunal est de se rendre redoutable aux peuples qui lui sont soûmis, il punit avec la plus grande sévérité, tous ceux qui offensent ses Suppots & ses Officiers. Il n'y a dans ce genre aucune faute légére, tout est crime capital. Il n'y a ni naissance, ni emploi, ni rang, ni dignité qui puisse pour lors mettre un quelqu'un à couvert de ses poursuites. Les moindres menaces que l'on feroit au dernier de ses Officiers, aux Délateurs ou aux Témoins, seroient punies de la derniére rigueur.

Voilà en peu de mots les crimes, qui font du ressort de l'Inquisition. Ils viennent ordinairement à sa connoissance par quatre différentes voïes. En effèt, cela arrive ou par le bruit public, qui accuse un quelqu'un d'avoir commis, un ou plusieurs des crimes dont je viens de

par-

parler, ou bien par la déposition des témoins qui le vont dénoncer, ou parceque les Inquisiteurs l'ont eux-mêmes découvert par le moïen des Espions, qu'ils entretiennent en tout lieu & en grand nombre, ou enfin par la confession du Coupable, qui s'est accusé lui-même dans l'espérance d'être traité plus humainement, que s'il se laissoit dénoncer par un autre. Voïons à présent la maniére dont ce Tribunal procéde contre ceux qui sont accusés, quelquefois même sur un simple soupçon, encore fort léger. D'abord on les cite dans les formes à trois différentes reprises de comparoître devant l'Inquisition; mais si par crainte, ou par désobéïssance ils ne se présentent point, ils sont déclarés excommuniés & condamnés par provision, à de grosses amendes, sans prejudice d'un jugement beaucoup plus sévére qu'ils ne peuvent éviter s'ils sont arrêtés.

Le meilleur parti que l'on puisse donc prendre, c'est d'obéïr à la prémière citation. Plus on differe, plus on se rend criminel, & quand même on seroit Innocent, c'est toûjours pécher que de ne pas déférer aux ordres de l'Inquisition. Les délais & les renvois sont chez les
Inqui-

Inquisiteurs des preuves incontestables que l'on est coupable, & que l'on craint de paroître devant ses juges. Quand on est donc dans cette triste situation, il n'y a qu'un bannissement volontaire & perpétuel, qui puisse sauver un Accusé des supplices les plus rigoureux. Rien ne s'oublie à l'Inquisition, le tems n'y abolit aucun crime, & l'on n'y reconnoit point de prescription.

Dans d'autres occasions qui sont assez fréquentes, les Inquisiteurs, soit qu'ils croïent que le crime dont la personne est accusée, est énorme, soit qu'ils aïent des témoignages suffisans, soit enfin qu'ils appréhendent que l'accusé ne leur échape, ne s'arrêtent point du tout aux formalités ordinaires, ni à la citation, ils ordonnent tout d'un coup prise de corps & la font exécuter dans quelque endroit, que soit l'Accusé. Car il n'y a pour lors ni azile, ni privilège qui puissent arrêter pour un moment les Procédures, ni en adoucir la rigueur.

C'est une chose difficile à dépeindre que la triste situation où la personne, qui est dans ce malheur, se voit réduite. On l'arrête en effet quelquefois au milieu de ses amis, quelquefois dans

le

le sein de sa famille. C'est un Père à côté de son fils, un Fils en la Compagnie de son Père, une Femme près de son Mari, qui se trouvent ainsi arrêtés sans qu'ils osent faire la moindre résistance, sans qu'on ose s'intéresser en sa faveur, sans qu'on veuille lui accorder un seul instant pour mettre ordre à ses affaires.

On peut juger par ce que je viens de dire de la crainte, où l'on est continuellement dans les Païs soumis à l'Inquisition. Puisque pour se mettre à couvert de ses recherses ; l'Ami est obligé de sacrifier son ami, l'Enfant ses parents & les Parents leurs enfans, l'Epoux son Epouse & la Femme son Mari en les dénonçant à ce prétendu St. Office. Juste Ciel ! Quelle source horrible de cruautés & d'inhumanités ? Que peut être à présent la Societé parmi les hommes, si l'on en bannit la confiance, la charité, la reconnoissance & le support mutuel dans les imprudences & dans les défauts ? Que peut être un Tribunal, qui oblige un Père & une Mère non seulement à oublier leurs propres enfans, à étouffer les sentimens de tendresse & d'affection, que la Nature leur

a ima imprimés pour eux, mais même à pousser la barbarie, jusqu'au point que de se déclarer leurs accusateurs, & par-là devenir la cause des cruautés qu'on leur fait souffrir?

Quelle idée peut-on se former d'un Tribunal, qui force les enfans à étoufer les sentimens de reconnoissance, d'amour & de respect qu'ils doivent avoir pour ceux qui leur ont donné le jour, & à devenir leurs Espions, leurs Ennemis, & leurs Bourreaux même, en dénonçant leurs crimes, leurs défauts & leurs imprudences à des juges qui ne cherchent que leur destruction & qui les aïant enfermés dans de profonds cachots ne veulent pas permettre que leur enfans leur rendent les secours & les devoirs, que la Nature ou la Religion leur impose.

Quels desordres de pareilles loix ne causent-ils pas dans une famille bien unie. Une parole innocente en elle-même, & qui n'est peut-être que trop véritable, peut, par un zéle indiscret ou par une crainte pannique, causer des chagrins à une famille entiére, la ruïner de fond en comble, & enfin l'exposer à voir un ou plusieurs de ses membres, devenir les
Inno-

Innocentes victimes du plus cruel de tous les Tribunaux.

Quels malheurs & quelles abominations ne causent-ils pas dans une famille où la desunion & le désordre règnent, entre un mari & une femme, & dont les enfans vivent dans la débauche & dans l'impieté. Se feront-ils un scrupule de sacrifier un Père, qui s'est rendu incommode par ses exhortations, ses reproches, & ses Corrections paternelles? Non, ils pilleront sa maison pour satisfaire à leurs débauches, & pourront dans l'excès de leur Sceleratesse livrer impunément celui dont ils tiennent la vie à toutes les horreurs d'un Tribunal, qui ne se règle ni par les loix de la justice, ni par celles de l'humanité.

Un mari libertin ou une femme débauchée, ne trouvent-ils pas réciproquement les moïens de se défaire l'un de l'autre lorsque leur union devient disgracieuse à l'un des deux, dans les promts expédiens que leur fournit cet abominable Tribunal où le Dénonciateur n'a jamais tort & où les témoins ne sont jamais confrontés. Mais revenons à nôtre sujet.

Lors donc qu'un Accusé est une fois,

dans

dans l'Inquifition , on le fouille avec la derniére exactitude, pour voir fi on ne trouvera rien, qui puiffe fervir à le convaincre, ou dont il puiffe faire ufage lui même pour fe donner la mort & fe dérober aux cruautés de ce Tribunal. C'eſt ce dont on a plufieurs exemples ; on a vû même des prifonniers fe caffer la tête contre les murs n'aïant pas d'autres moïens de fe défaire.

Après quoi on le conduit dans un cachot fi horrible, qu'il eſt capable de le jetter dans des terreurs mortelles. Enlevé à fa famille, à fes parens & à fes amis, dont il ne peut recevoir ni vifites, ni confeils, ni lettres, ni la moindre confolation , il fe voit abandonné à fes juges, à lui-même, à fon chagrin, à fon defefpoir & fouvent même à fes plus cruels ennemis qui ne l'ont accufé que pour le faire périr. Un jour ou deux après qu'il a été mis en prifon, on lui coupe les cheveux, & on le rafe fans diftinction de fexe, d'âge ou de naiffance. Enfuite on lui ordonne de dire fon nom, & de découvrir tous fes biens & effèts. Pour l'engager à le faire, l'Inquifiteur lui promèt que, s'il eſt Innocent, tout ce qu'il aura déclaré, lui fera foigneufement conservé & rendu. Mais qu'au contraire, si on découvre quelques biens ou effets, qu'il n'aura pas indiqués, ils seront confisqués de quelque façon que tourne son procès.

Comme tous les Portugais sont entêtés de la sainteté & de la sincerité de ce Tribunal, ils ne font pas de difficulté de tout déclarer, dans la ferme persuasion que le tout leur sera rendu de bonne-foi quand on aura reconnu leur Innocence.

Mais ces misérables sont trompés. Car quiconque a le malheur de tomber entre les mains de l'Inquisition, est dépouillé pour toujours de tout ce qu'il possède, & voici comme cela se fait. Si un prisonnier nie les crimes, dont il est accusé, il en est convaincu par les témoins qui ont déposé contre lui, & étant condamné comme coupable, la confiscation de ses biens suit sa condamnation. Si au contraire il avoue les crimes dont il est accusé, voulant éviter la torture, ou dans l'espérance d'être plûtôt mis en liberté; il est coupable par son propre aveu, & par conséquent, c'est avec justice aux yeux du Public, que tous ses biens sont confisqués.

qués. Quand il fort de priſon comme
un Pénitent qui s'eſt dénonçé de ſon
propre mouvement, il n'oſeroit plaider
ſon Innocence, à moins que de courir
les riſques d'être remis en priſon, &
condamné non ſeulement comme un pénitent Hipocrite, mais encore comme une
perſonne qui accuſe le St. Office d'Injuſtice, ainſi de quelle maniére qu'il s'y
prenne, il eſt ſûr de perdre tout ce
qu'il a entre les mains des Inquiſiteurs.
Le priſonnier paſſe quelquefois pluſieurs
mois en priſon ſans qu'on inſtruiſe ſon
procès & ſans que lui-même ſache le
crime dont il eſt accuſé, ni les témoins
qui ont dépoſé contre lui. Le Geolier
lui dit comme de ſon propre mouve-
ment, de demander audience. Lorſqu'on la lui a accordée, il eſt conduit la
tête nuë devant ſes Juges. Un Garde
marche devant lui & le Geolier derrière.
Lorſqu'ils ſont arrivé à la porte du St.
Office, le Garde frappe trois coups,
un autre Garde, qui eſt en faction dans
l'Antichambre leur en ouvre la porte, &
ils attendent qu'il ait lui-même frapé
trois coups à la porte de la grande ſalle
de l'Inquiſition. Les Inquiſiteurs ſe pré-
parent à recevoir leur priſonnier en

K 2

con-

congediant tous ceux à qui ils pourroient donner pour lors audience, de
peur qu'il ne les voit, & qu'il n'en soit
vû.

Après quoi le juge qui préside, donne
le signal au garde d'ouvrir la porte en
sonnant une petite Clochette. Celui-ci
obéït aussitôt & le prisonnier entre escor-
té du Garde, qui l'a ammené & du
Geolier, qui ayant donné une Sellette à
l'Accusé, se retirent en faisant une génu-
flexion aux Inquisiteurs,

D'abord le Président lui ordonne de
se mettre à Génoux, & lui faisant
mettre la main droite sur un livre fermé ; lui dit ces paroles. Promettés-
vous de garder le Secret du St. Office
& de dire la vérité ? A quoi il répond
qu'il le promet. Alors le Président lui
dit de s'asseoir & lui fait ensuite,
toutes sortes de questions, sur tous les
crimes, qui peuvent se commettre &
qui sont de la jurisdiction de l'Inqui-
tion.

Le Secrétaire a soin d'écrire exactement toutes les questions & les réponses.
Après que cet interrogatoire est fini,
l'on renvoïe l'accusé dans son cachot
avec beaucoup de douceur s'il a avoué
son

son crime, mais avec ordre d'examiner sa conscience scrupuleusement, s'il
a fait des réponses vagues, comme
celles-ci, j'ai oublié, je ne sçai pas, je
ne m'en ressouviens pas. Quelques jours
après le prisonnier est encore ramené
devant ses juges, avec les mêmes formalités. On lui demande s'il s'est sérieuse-
ment examiné sur sa vie passée, & s'il
a quelque chose à déclarer. S'il s'accuse
de quelques faits, on reçoit sa déclaration que l'on écrit. Mais s'il persiste à
ne vouloir rien déclarer, l'Inquisiteur
essaïe par mille détours de tirer quelque
chose de sa bouche, qui donne matière à
le condamner, sur tout s'il a été arrêté
sur un bruit vague & confus. Car en
cette occasion le St. Office seroit fort
embarassé, s'il ne leur fournissoit dans les
réponses, qu'il fait aux differentes pro-
positions de son juge, & qui sont autant
de piéges, que l'on tend à son Innocence, des sujèts directs ou indirects de le
convaincre.

D'ailleurs, comme les Inquisiteurs pro-
mettent à leur accusé de les traiter avec
douceur & de lui donner même la liberté, souvent il s'accuse lui-même & n'at-
tend pas d'être convaincu, dans l'espé-

rance d'obtenir par fon aveu ces avantages.   Quelquefois même avoué-t'-il des
crimes qu'il n'a jamais commis.

Mais s'il arrive qu'il ne veut pas le
faire & qu'il ait affez de bonheur & de
pénétration d'efprit pour ne pas tomber
dans les piéges qu'on lui tend, on lui
donne les chefs d'accufations portés contre lui par écrit, parmi lefquels les Inquifiteurs ont mêlé des Crimes énormes;
afin que lorfque ce malheureux viendra
à fe recrier fur ces horribles forfaits,
on prenne de-là occafion de conclure que
ceux fur lefquels il ne fe recrie point du
tout ou fort peu, font véritables. Quelque fauffe que foit cette conféquence, elle
ne laiffe pas d'être un très-mauvais préjugé contre cet Accufé.

Quelque tems après, on lui demande
s'il veut un Avocat, pour plaider fa caufe s'il n'eft pas accufé d'Héréfie; car
dans ce cas, perfonne ne peut la défendre
fous peine d'infamie. Il eft vrai cependant que l'Accufé, qui fe trouve dans
cette circonftance, n'eft pas plus à plaindre que les autres. En effet, on ne prend
pas qui l'on veut pour fon Avocat. Il
faut accepter celui que le St. Office veut
donner & qui lui eft toûjours lié par ferment,

ment, ce qui fait que presque tous les prisonniers aiment mieux défendre leur cause eux-mêmes, & cela avec d'autant plus de raison qu'ils ne pouroient jamais parler qu'en présence des Inquisiteurs à l'Avocat qui leur auroit été donné.

Ils ne connoissent pour partie adverse que le Procureur Fiscal. En effèt, c'est envain qu'il veut savoir, quels sont ses accusateurs & les témoins qui ont déposé contre lui. Envain dmande-t'-il qui lui soient confrontés, il ne peut que les deviner & demander si ce n'est pas tel, & tel qui est son ennemi. On ne lui répond cependant ni affirmativement ni négativement.

On continuë pendant plusieurs années de lui faire de tems en tems, subir quelque Interrogatoire, s'il persiste sur la négative, on instruit enfin son procès & on le termine définitivement.

Pour cet effèt, on l'amène devant les Inquisiteurs qui lui délivrent une copie des dépositions des témoins d'où l'on a retranché tout ce qui pourroit contribuer à sa justification & à lui faire connoître ses accusateurs. S'il n'est pas en état d'y repliquer sur le champ, on lui accorde

 deux

deux ou trois jours pour y penser dans son cachot où il est renvoïé auffitôt.

Ce miférable alors fe donne la torture, pour deviner fes accufateurs. Il forme mille conjectures, fur lefquelles il ne peut établir un jugement folide. Le tems cependant qu'on lui avoit accordé étant écoulé, il eft rappellé devant fes juges. On l'écoute fur tous les reproches, qu'il peut faire à ceux qui ont témoigné injuftement contre lui, dont il ne connoît ni les noms, ni le caractére. Et fi par hazard il rencontre jufte, & qu'il démontre les raifons, qui les ont portés à fe vanger de lui par des accufations fauffes & injuftes, il peut être affûré que fi cela affoiblit leurs dépofitions, cela ne l'anéantit pas, fur tout fi le prifonnier eft accufé de quelque crime noir & infame, ou qui regarde l'Inquifition.

Telles font les prérogatives des témoins dans ce Tribunal. Ils ne font jamais nommés, confrontés ni connus, ce qui leur en procurent un grand nombre. Dans les cas d'Héréfie, l'acharnement eft fi grand, que toute perfonne, quoique du caractère le plus infame, quoique parjure, voleur, Turc, Mahometan, y eft

reçuë

reçuë à déposer, & son témoignage
suffit pour faire condamner l'accusé au
feu.

Après qu'il a donné ses repliques, si
les Inquisiteurs ne les trouvent pas satisfaisantes, ou que le crime ne soit pas suffisamment prouvé, ou qu'enfin ils veuillent
découvrir quelques complices, ils le condamnent à la torture, à la réquisition du
Promoteur fiscal, ce qui est exécuté sur
le champ.

Si les tourmens ont tiré du prisonnier
un aveu de tous les chefs d'accusation
formés contre lui, alors on le ramène
dans son cachot, & on le laisse en proïe
aux douleurs que la torture lui cause encore, au chagrin & au désespoir que l'i-
dée d'un affreux avenir & des derniers
supplices lui suggére.

Mais s'il n'a rien avoué, l'on fait suc-
céder les piéges & les artifices aux tourmens. On feint pour cet effèt de vouloir le secourir dans le triste état où les
supplices de la torture l'ont réduit, en
lui donnant un Compagnon dans sa prison. Celui-ci après qu'il s'est insinué
dans sa confiance sous la feinte apparen-
te qu'il est prisonnier du St. Office pour
les mêmes crimes que lui, s'emporte

 contre

contre l'Inquisition, se recrie contre son injustice, ses cruautés & ses piéges mêmes, & le fait tomber ainsi dans celui qu'il lui tend alors, lui-même, avec d'autant plus de facilité qu'il le déguise sous le voile de l'amitié, de la sensibilité, de la compassion & de la ressemblance de malheurs. Il y a même des Familiers de la prémière distinction, qui ne font pas de difficulté de s'enfermer ainsi dans un cachot pendant trois ou quatre mois, pour faire tomber dans ce piége un malheureux Prisonnier, dont l'Innocence cependant, ne peut leur être inconnuë.

Enfin la conclusion de tout ceci est, que si l'Accusé demeure convaincû soit par témoins, soit par son propre aveu, il est condamné ou au fouët ou à une prison perpétuelle, ou à la galère, ou bien à la mort; selon que le crime qu'il a commis est plus ou moins énorme, ou plûtôt selon que le dicte aux Inquisiteurs l'Esprit de vengeance, d'intérêt ou de complaisance pour la Cour de Rome. Car ce sont là une partie des motifs, qui dirigent ces juges dans toutes leurs actions & leurs entreprises, où l'amour de Dieu & le bien de la Religion n'ont

jamais

jamais de part, ou que très-peu & fort rarement.

Il faut remarquer que l'Inquisition ne borne pas sa jurisdiction sur les vivans, & ceux qui meurent dans ses prisons. Elle fait aussi le procès à ceux qui sont morts plusieurs années avant que d'être accusés. Elle les fait déterrer & brûler leurs os à l'Acte de Foi. Elle confisque leurs biens, dont les Inquisiteurs ont grand soin de dépouiller ceux qui les ont par héritage, fussent-ils même les enfans du défunt. On ne peut cependant disconvenir qu'il ne soit très-facile de condamner des Ossemens, qui ne peuvent se défendre. Mais qu'importe? les vivans qui tombent entre leurs mains, ne sont pas mieux écoutés dans leur justification que s'ils étoient déjà morts.

Tous les prisonniers de l'Inquisition morts & vivants étant jugés, on fait une cérémonie Religieuse & solemnelle, dans laquelle tous les Accusés vont en Procession, jusqu'à l'Eglise St. Dominique, où on leur lit leurs chefs d'accusation & la Sentence du St. Office. Les Inquisiteurs croient donner par-là des preuves publiques & autentiques du zèle qu'ils affectent d'avoir pour la Religion.

C'est

C'est pourquoi ils apellent cette cérémonie l'Acte de Foi.

Voici de quelle maniére elle se fit &
les préparatifs que l'on y apporta. Lorsque j'étois moi-même prisonnier, quinze
jours avant, on avertit dans toutes les
Eglises que cette Cérémonie devoit se
faire le Dimanche le 21. Juin 1744. on
exhorta en même tems tous céux qui la
verroient de ne point se mocquer des prisonniers, mais plûtôt de prier Dieu pour
leur conversion. Le Samedi 20$_{me}$. du
même mois, on nous avertit tous de nous
tenir prêts pour le lendemain matin. On
nous donna en même tems à chacun un
rabat, & on distribua de vieux habits
noirs à ceux qui n'en avoient pas d'autres. Ceux qui étoient accusés de judaïsme, & qui par la crainte des tourmens, avoient dit qu'ils en étoient coupables, étoient revêtus, pour les distin-
guer, de grands Scapulaires que l'on
nomme *Sambenitos*. Ils sont faits d'un
morçeau d'étoffe jaune d'environ deux
aulnes de long, au milieu duquel on fait
un trou, pour y passer la tête. Devant
& derriére on y voit des Croix de St.
André formées par des bandes d'étoffe
rouge que l'on y attache. Céux qui sont
con-

condamnés pour Sortiléges , Magie ou Malefice, portent le même Scapulaire. On les diftingue feulement par un bonnet de Carton d'environ un pied & démi de haut fur lequel font peints des Diables & des flammes , & au bas eft écrit ce mot *Sorcier.*

Les Juifs rélaps & les hérétiques Romains, qui font condamnés au feu pour n'avoir pas voulu s'avouer coupables, font revêtus de *Sambenitos* gris beaucoup plus courts que les précédens. La tête de celui qui le porte y eft repréfentée devant & derriére, pofée fur des tifons avec des flammes, qui s'élevent & des Démons tout à l'entour. Son nom & fon crime font auffi écrit au bas du *Sambénitos.* Les Blafphemateurs font auffi habillés de même, & ne font diftingués que par un baillon.

Tous ceux de ces prifonniers, qui ne font pas condamnés au feu, portent un cierge allumé fait de cire jaune. Je fûs le feul, à qui on n'en donna point parce que j'étois Proteftant obftiné.

Après donc que tous les accufés fûrent ainfi équipés, la Proceffion commença. Les Religieux Dominicains, marchoient devant, aïant la Banniére de

leur

leur ordre à leur tête. Ensuite l'on voïoit la Banniére & la Croix du St. Office, qui étoient suivies par les prisonniers qui avoient leur rang, les moins coupables aïant toûjours le pas.

Chacun d'eux marchoit entre deux Familiers, qui devoient en rendre compte, & le ramener au St. Office, lorsque la procession seroit finie. C'est un si grand honneur parmi eux d'escorter ces misérables dans cette Cérémonie, que ceux mêmes qui accompagnent au feu les victimes infortunées de l'Inquisition, sont toûjours les prémiers Seigneurs du Roïaume, qui ne cedroient pas ce droit pour tout autre au monde, tant est grand l'aveuglement où un zêle outré les conduit.

Tel étoit l'ordre de cette Procession qui commença sa marche en faisant le tour de la Cour du Palais du Grand Inquisiteur, sous les yeux du Roi, de la Famille Roïale & de toute sa Cour, qui s'y étoient rendus à ce sujèt. Ensuite la Procession, sortant de l'Inquisition, passa par un côté de la Place de *Roussi*, enfila la ruë des Oudraires & revenant par celle des Escoudaires & par l'autre côté de la même place de *Roussi*, elle se rendit à

l'El'Eglise St. Dominique, qui étoit parée de haut en bas d'une tenture de Damas rouge.

On avoit élevé devant le grand Autel un Amphiteatre pour placer tous les prisonniers & les Familiers qui les accompagnoient. On avoit dreſſé vis à vis un grand Autel à la Romaine, ſur lequel étoit poſé un Crucifix environné de pluſieurs cierges allumés, & quelques Miſſels. Au côté droit de cet autel, étoit une Chaire magnifiquement ornée, & de l'autre une Tribune, qui ne lui cédoit en rien en magnificence, pour le Roi, la Famille Roïale, les Grands du Roïaume, & les Miniſtres des Cours étrangeres. A la droite de cette Tribune, régnoit une longue Galerie, pour les Inquiſiteurs repréſentans le St. Office, & entre la Tribune & la Galerie, il y avoit une chambre où les Inquiſiteurs ſe rendoient pour recevoir les confeſſions de ceux des priſonniers, que les horreurs d'une mort prochaine & cruelle, engageoient à avouër ce qu'ils avoient refuſé de dire avec tant d'opiniâtreté auparavant. Ils eſpéroient par cet aveu dans ce dernier moment obtenir leur grace, mais il y il y en eût fort peu qui eurent aſſez de bonheur pour éviter les cruels ſup. plices qui leur avoient été préparés, encore n'eurent-ils leur grace que de Sa Majeſté qui s'intéreſſa pour eux.

Après qu'un chacun eût pris ſa place dans l'Egliſe, un Prédicateur Domini-cain monta en chaire; d'abord il fit l'éloge de l'Inquiſition, & exhorta les priſonniers, qui n'étoient pas condam-nés à mort, à faire un bon uſage de la Clémence dont le St. Office avoit uſé envers eux, en renonçant ſincèrement & dès le moment aux Héréſies & aux crimes, dont ils avoient été convaincus. Il s'adreſſa enſuite à ceux qui étoient condamnés à mort, les engageant à pro-fiter du peu de tems, qui leur reſtoit, & à faire un aveu ſincère de leurs crimes & de leurs forfaits.

Pendant ce diſcours, on donne des ra-fraichiſſemens aux Priſonniers, qui pour la plûpart ſe trouvoient mal, ſoit à cauſe du grand air, ſoit par la fatigue d'une ſi longue marche. On leur donna auſſi de toutes ſortes de fruits ſecs, & autant d'eau qu'ils ſouhaitoient. Le Prédicateur étant deſcendu de la Chaire, des Prêtres gagés du St. Office, y montérent tour à

tour

tour pour lire le procès à tous les Prisonniers, qui n'étoient pas condamnés à mort. Chacun de ses miserables tenoit debout, son cierge en main, & ne pouvoit s'asseoir qu'après la lecture de son procès & de sa sentence.

Cette Céremonie dura jusqu'à dix heures du soir, que le Président de l'Inquisition, evêtu des habits Sacerdotaux, tenant un livre en main, & assisté de cinq ou six Prêtres en surplis, qui avoient chacun une longue baguette dont ils frapérent sur l'épaule ou la tête de chacun des Prisonniers un petit coup, fit quelques priéres usitées dans l'Eglise Romaine, lorsqu'on léve l'Excommunication.

Ensuite un autre Prêtre monta en Chaire, pour lire le procès de ceux, qui étoient condamnés au feu. Après quoi on livra ces malheureuses victimes au bras Séculier qui les fit conduire aussitôt à la Relation, qui est une grande Salle où les Juges Laïques s'assemblent ordinairement pour tenir leurs séances. Le Roi s'y rendit aussitôt commençant en quelque façon, à faire ses fonctions de Lieutenant-Criminel de l'Inquisition, qui pour cacher ses cruautés, fait ratifier ainsi ses jugemens par le bras seculier , car c'est là à quoi se borne le pouvoir de ce tribunal Laïque où Sa Majesté se trouve. Et si l'on y examine encore le procès des prisonniers , ce n'est que pour la forme. Les juges qui le composent, redoutent trop les suites d'un jugement qui en sauveroit quelqu'un du trépas : & ils connoissent trop le pouvoir de l'Inquisition pour ne pas suivre ses volontés de point en point. Cependant ils ne se séparérent, pour mieux en imposer au Public, que sur les six heures du matin.

Aussitôt tous ses misérables accompagnés de Familiers & de Prêtres , furent conduits sous l'Escorte d'une détachement d'Infanterie , sur le Camp d'Allix , où ils furent attachés avec des Chaines de fer à des poteaux , & assis chacun sur un tonneau de Gouderon. Alors le Roi se présenta en personne renfermé dans un mauvais Carosse , dont les trainoirs étoient de corde , & ordonna aux Prêtres , dont la plûpart étoient des Docteurs , d'exhorter chacun d'eux en particulier , de mourir dans la Religion Romaine sous peine, en cas de refus, d'être brûlé vif , ou d'être étranglé avant d'être brûlé , s'il se rendoit à leurs exhortations. Le Roi demeura

meura préfent & ne quitta la place qu'après les avoir vû tous exécuter, je laiffe au Lecteur judicieux à faire ici telles remarques qu'il jugera à propos fur la conduite de ce Monarque. Je fçai trop combien il eft dangereux de parler des Têtes Couronnées.

Mais après avoir vû la fin de l'Acte de foi, pour ceux qui fûrent fuppliciés, voïons comme elle fe termina par raport aux autres prifonniers dont j'étois du nombre, & quelle fût auffi leur deftinée. Sitôt qu'on eût lû tous les procès, l'on nous ramena à l'Inquifition avec les mêmes formalités que nous en étions fortis le matin, tant pour ce qui regarde l'ordre & la marche de la proceffion, que les Familiers qui nous accompagnoient. Il étoit dix heures & demie du foir, lorf-que nous y rentrâmes. On nous fît auffi-tôt défiler par plufieurs Coridors, jufqu'à ce qu'enfin nous arrivâmes à l'endroit qui nous étoit deftiné. Il y avoit plufieurs chambres qui n'étoient pas fermées. Chacun de nous choifit celle qui lui convenoit le mieux. Il y avoit un lit dans chaque chambre compofé d'une paliaffe, d'une couverture & de deux draps dont on peut juger de la propreté puif-

 qu'ils

qu'ils avoient servi aux prisonniers du dernier Acte de Foi, qui avoit été fait deux ans avant celui-ci.

Nous étant ainsi arrangés du mieux qu'il nous fût possible, quoique très-mal, nous nous trouvions cependant les personnes du monde, les plus heureuses. Nous étions en Compagnie, nous respirions l'air, nous avions la lumiére & la vûë d'un jardin, enfin nous savions que nous ne devions pas servir de sacrifice au barbare Tribunal, qui nous retenoit encore, tout cela nous consoloit, & nous faisoit trouver de la douceur dans la situation triste où nous étions encore. L'Alcaïde & son Compagnon nous apportérent à chacun un pain & un gâteau avec de l'eau suffisanment. Ils nous permirent de nous réjouïr sans faire de bruit. Ce fût la prémière fois que nous soupâmes avec quelque contentement dans cette prison, & comme nous étions fatigués de la cérémonie du jour, nous reposâmes tous avec beaucoup de tranquilité.

Le lendemain nous nous apperçûmes bien que nous étions nourris au dépends du Cardinal Inquisiteur, & non point aux frais de l'Inquisition ; non pas que nous

nous le fuſſions beaucoup mieux , mais parce que l'on nous donna la permiſſion d'envoïer chez nos parens ou nos amis pour avoir les vivres, que nous jugerions à propos, en cas que ceux , que l'on nous donnoit, ne fuſſent pas ſuffiſans ou de nôtre goût.

Je ne pourois, ſans ingratitude , taire les bontés de toute eſpece que les *Francs-Maçons* de Lisbonne, eûrent pour moi & pour les autres Frères, qui étoient Priſonniers, pour avoir été membres de la Maçonnerie. Ils firent tant qu'ils obtinrent même de venir nous voir, faveur que les Inquiſiteurs n'accordent jamais, & qui nous cauſa une joïe inexprimable. Mais pour faire connoître toute l'étenduë de leur libéralité, de leur amitié, & de leur compaſſion pour moi en particulier, je dirai qu'ils en ont agi en véritables Frères.

Nous nous imaginions que nous n'étions retenus, que pour nous accoûtumer peu à peu au grand air , & diſſiper inſenſiblement la noire mélancolie qui nous avoit accablés depuis longtems. Mais ce n'étoit que pour exécuter plus facilement la Sentence d'un chacun & lui donner les Inſtructions, pour ſe con-

duire

duire dans la suite suivant les Ordonnances du St. Office. En effet, dans le courant de la même semaine, les uns fûrent envoïés en exil, les autres fûrent fouéttés par les ruës de Lisbonne, beaucoup fûrent conduis à la Galére, & il y en eût très-peu de relâchés.

Quoiqu'il y ait toûjours eu des Hérétiques depuis le commencement de l'Eglise, jusqu'aujourd'hui, il est cependant constant que l'Inquisition n'a été établie contre eux, que depuis le XII. Siécle. On en a vû un grand nombre dès le tems des Apôtres qui s'oposoient à la doctrine qu'ils annonçoient. Cependant l'on n'a jamais vû ces Sts. Personnages emploïer d'autres armes pour les détruire, que celles de la persuasion, de la douceur, de l'Excommunication & du retranchement de toute Communication avec le reste de la Société. Quand l'Hérétique, dit St. Paul, aura été averti une ou deux fois, s'il ne se corrige, il faut éviter toute Communication avec lui. Et dans un autre endroit il dit, qu'il ne faut pas même manger avec lui.

Telle a été la conduite que les successeurs des Apôtres ont toûjours tenuë
avec

avec les Hérétiques, jusqu'à la conversion de l'Empereur *Constantin*, qui
fût au IV. siècle. Ils convenoient
tous qu'il étoit juste d'avoir de la haï-
ne pour les ennemis de Dieu, mais
qu'il ne falloit pas agir de violence
contre eux, ni les persécuter. C'est
aux Gentils, disoient-ils, qui ne connoissent ni Dieu, ni Jesus-Christ, à les
traiter avec cruauté. Il faut les exhorter à la Pénitence. Ce sont les
moïens dont Dieu se sert souvent pour
les convertir.

Ce ne fût donc que depuis que *Constantin* & ses Successeurs eûrent fait
profession publiquement de la Religion
Chrêtienne, que les Chrêtiens commen-
çèrent à avoir des Tribunaux, des Magistrats & des Prisons, pour ceux qui
contreviendroient, tant aux Loix Divi-
nes qu'aux Loix Civiles. L'on crût
avec raison, que si l'on devoit punir les
Vols & les Homicides, l'on ne devoit
pas laisser les Blasphêmes, les Parjures
& les Héréfies impunies.

Mais les punitions que l'on infligeoit
en fait d'Héréfie, n'alloient tout au
plus qu'à l'exil pour ceux, qui en étoient
les Auteurs & les Chefs, & à l'excom-

mu-

munication pour ceux qui s'en étoient laiffés infecter. C'étoit les Princes ou les Magiftrats qui les jugeoient, & fi l'on en a vû quelques-uns condamner les Hérétiques à mort, c'étoit dans des cas, où le bien de l'Etat l'exigeoit, encore plus que celui de la Religion, & contre l'Intention de l'Eglife, qui ne pouvoit l'empêcher, & qui confervant toûjours la douceur & la modération pour eux, ne cefloit au contraire d'intercéder auprès des Princes pour obtenir leur grace. Pour nous en convaincre voïons, ce que penfoient les Sts. Pères à ce fujèt.

St. *Athanafe* dans fa lettre aux Solitaires, parle ainfi. Le Diable parce qu'il n'a pas la Vérité de fon côté, ufe de violence & fe fait recevoir par force. Jefus-Chrift au contraire n'ufe que de douceur. Si quelqu'un veut être mon Difciple, qu'il me fuive. Il ne contraint perfonne, il ne brife point les portes de ceux, chez qui il veut entrer, mais il heurte doucement & n'emploïe pour fe faire ouvrir que les paroles les plus douces. Ouvrès-moi, dit-il, ma fœur; fi on lui ouvre, il entre, fi on ne lui ouvre pas, il fe retire. Car ce n'eft point en em-

ploïant

ploïant la force & la violence, que l'on fait recevoir la Vérité, mais en ufant de douceur & en perfuadant. Et en parlant des *Ariens* il dit encore, cette Secte montre affez par fa conduite violente, qu'elle n'eft pas de Dieu, & qu'elle ne peut prétendre à la qualité de véritable Religion. Celle-ci n'ufe point de violence, mais de perfuafion. Si quelqu'un veut être mon difciple, dit Jéfus-Chrift, qu'il me fuive. Il donne même la liberté de le quitter, quoiqu'on ait commencé de le fuivre. Voulez-vous, dit-il, aux Apôtres, vous retirer comme les autres.

St. *Ambroife* parlant des Apôtres, qui ont été les prémiers Predicateurs de la Foi. Le Seigneur, dit-il, les a envoïez pour femer la Foi dans les cœurs, pour enfeigner & non pas pour contraindre. Pour prêcher une doctrine d'humilité, & non pas pour faire montre de leur puiffance. Il raporte enfuite ce qui fe paffa entre Jefus-Chrift, & fes Apôtres, lorfqu'ils le preffèrent de faire defcendre le feu du Ciel, pour confumer les Samaritains, qui ne l'avoient pas voulu recevoir. Le Seigneur, dit-il, les reprit en leur difant, Vous ne connoiffez pas

L 5

enco-

encore l'Esprit qui vous doit animer, & vous ne songez pas que le Fils de l'Homme n'est pas venu pour perdre les Hommes, mais pour les sauver.

L'on ne peut pas dire que ces S*ts*. Pères parloient ainsi, parce qu'ils étoient alors persécutés, au contraire ils auroient pû se prévaloir de la faveur qu'ils avoient auprès des Empereurs, pour persécuter les Hérétiques. Mais l'Eglise n'avoit pour eux que des sentimens de douceur & de modération.

C'est ce que prouve encore invinciblement les sentimens de St. *Chrisostome* parlant de la maniére, dont on doit corriger ceux qui péchent par erreur ou autrement, il faut, dit-il, les reprendre, de peur que Dieu, qui nous doit juger, ne nous en demande compte. Mais la correction doit toûjours être accompagnée de patience & de douleur. Il faut sur tout se garder de haïr ceux qu'on corrige, & il né faut jamais user de violence à leur égard.

St. *Augustin* qui a traité plus exactement qu'aucun autre le sujet dont il s'agit ici, ne pensoit pas différémment des autres Pères de l'Eglise. Ceux qui traitent les Hérétiques avec rigueur,
dit-il,

dit-il, ne favent pas combien il.eft difficile de trouver la Vérité & d'éviter les
erreurs ; que ceux-là ufent de violence
& de contrainte à leur égard, qui igno-
rent combien il y a de difficulté de s'élever au deffus des préjugés de la naiffance
& de l'éducation. Mais pour nous, con-
tinuë-t'-il, nous fommes très-éloignés de
vouloir fuivre cette conduite envers des
perfonnes, qui font divifées d'avec
nous, non par des erreurs, qu'ils aïent
inventées eux-mêmes, mais pour avoir
participé à l'égarement d'autrui. Nous
offrons au contraire à Dieu nos priéres,
afin qu'en refutant leurs fauffes opinions, il nous faffe la grace de n'y apporter qu'un efprit de paix, qui ne foit
touché d'autres impreffions, que de celles de la Charité & des intérêts de Jefus-
Chrift, & qui n'ait d'autre défir que de
pouvoir convertir les Hérétiques.

Il eft certain que fi St. *Auguftin* avoit
ces fentimens de douceur pour les *Ma-*
nichéens, qui étoient une Secte abominable & qui pratiquoient dans leurs
affemblées les chofes du monde les plus
infames dont les miftéres étoient des
miftéres honteux, & pleins de la dernié-
té turpitude, il n'y avoit point de doute
qu'il

qu'il n'eût les mêmes fentimens de douceur pour les autres Hérétiques, dont les fentimens étoient plus épurés & par conféquent moins éloignés de ceux de l'Eglife Chrêtienne. C'eft ce qu'il dit lui même dans une lettre qu'il écrivit au Pape *Vincent*.

Mon prémier fentiment, dit-il, a été qu'il ne falloit contraindre perfonne, à fe réunir à l'Eglife, qu'il falloit feulement fe fervir contre les Hérétiques des armes de la parole, les combattre par des difputes & les vaincre par la raifon ; de peur qu'agiffant de contrainte avec eux & les obligeant par des voïes rigoureufes, d'entrer dans l'Eglife, on ne la rempliffe d'Hipocrites, de faux Chrêtiens & d'Ennemis couverts, pires & beaucoup plus à craindre que des ennemis ouverts & déclarés.

Cependant St, *Auguftin* changea un peu dans la fuite, & crût qu'il étoit quelquefois avantageux d'ufer d'une rigueur modérée, il donne deux raifons de ce changement. La prémière eft la quantité de converfions que les Edits des Empereurs contre les Hérétiques & Schifmatiques & les peines qui y étoient portées, occafionnoient tous les jours. Je fus fûs porté à ce changement, dit-il, par les exemples convainquans que ces conversions, quoique cauſées par la crainte des loix Impériales, ne laiſſoient pas quelquefois de devenir ſincères.   La ſeconde raiſon fût, les fureurs & emportemens effrenés des *Donatiſtes* & la néceſſité, où l'on ſe vit de réprimer les violences qu'ils faiſoient aux Chrêtiens. Ils ravageoient les Egliſes, ils les pilloient & en emportoient les ornemens. Ils trainoient les Prêtres dans la bouë, ils courroient armés & en Troupes pour piller les Maiſons des Eccléſiaſtiques & de tous les Chrêtiens.   Leur fureur alloit même, juſqu'à les faire mourir d'une mort très-cruelle.   Les Villes étoient devenuës des Theatres de Carnages, la Campagne étoit inhabitée, & les Bois ne ſervoient plus que de retraite à ces Aſſaſſins.   Les chemins étoient devenus ſi dangereux, qu'il n'y avoit plus de ſûreté à voïager.   Leur cruauté alloit même juſqu'à couper les mains & la langue aux Evêques & les laiſſer languir dans cet état.

Après de telles cruautés de la part des Hérétiques, il n'eſt pas ſurprenant que ce St. ait été d'avis de repouſſer la perſécution fécution par la perfécution, & qu'on reprimât les furieux dont la rage ne tendoit pas moins à la deftruction des Chrétiens, qu'à celle de l'autorité Impériale. Ce qui obligea l'Empereur à publier un Edit par lequel il étoit ordonné que, pour empêcher les violences de cette Secte, elle ne feroit plus tolerée.

Mais pour faire voir combien l'Eglife avoit de peine à s'éloigner un peu des voïes de douceur & de modération à l'égard des Hérétiques, St. *Auguftin* ajoûte, qu'on avoit envoïé des députés à l'Empereur pour lui demander au nom de l'Eglife, qu'il ne contraignît point les Hérétiques d'embraffer la Foi Catholique, mais qu'il les empêchât feulement de perfécuter & de faire mourir les Chrétiens; telle étoit alors la modération & la patience de l'Eglife.

Cependant l'Empereur n'eût pas beaucoup d'égard à fes remontrances, dit le même St.; il fe contenta, pour conferver encore un peu de la douceur Chrétienne envers ceux mêmes qui ne le méritoient pas, de les condamner à des amendes pécuniaires & d'ordonner la peine d'Exil contre les Evêques & les autres Miniftres de cette cruelle Secte.

St. Au-

St. *Augustin* étoit donc d'avis qu'on pouvoit avec justice punir les Hérétiques, pourvû que ce fût par des peines moderées, & sans emploïer les derniers supplices ou l'effusion de leur sang. Il vouloit qu'on reprimât leurs excès, mais de maniére, que ceux qui les avoient commis, pussent survivre, s'en repentir & en faire Pénitence. Comment donc n'auroit-il pas desaprouvé les horribles cruautés de l'Inquisition, qui sont si opposées à l'esprit de l'Eglise primitive & des S^{ts}. Pères,

Pendant plus de dix siécles, l'Eglise n'a eu pour les Hérétiques & sur tout pour ceux qui ne troubloient point l'Etat, que des sentimens de douceur & de moderation. Dans les Païs où l'Inquisition est établie, l'on n'a pour eux que des sentimens de la derniére rigueur & de la séverité la plus cruelle; l'on en fait des perquisitions les plus exactes, & l'on ne cesse de les poursuivre, que lorsqu'on les a exterminés.

C'étoit avec regret que l'Eglise se voïoit obligée de les deferer aux Tribunaux des Princes ou des Magistrats, & quand elle le faisoit, elle intercedoit très-sincerement pour eux, & n'épargnoit

gnoit rien pour leur fauver la vie. Dans
les Païs de l'Inquifition, il n'y a rigueurs, prifons, tortures, fupplices
dont l'on n'ufe contre eux. C'eft un
Tribunal inflexible que rien ne peut gagner ou adoucir. Et fi les Magiftrats
dont il implore le fecours, lorfqu'il s'agit
du dernier fupplice, qui n'eft jamais
moindre que le feu, entreprenoient de
le rendre fenfible, ils deviendroient eux-
mêmes fufpects d'Héréfie, ou du moins
d'en être les fauteurs, & feroient expofés aux cenfures les plus rigoureufes de
l'Eglife & à en être même retranchés
par l'Excommunication.

Pendant les deux premiers fiécles,
l'Eglife n'avoit ni Juges, ni Officiers, ni
Tribunaux, encore moins des Prifons,
des Cachots, des Bourreaux, des Tortures. L'Efprit de douceur qui la dirigeoit
en tout, ne lui permettoit pas même d'y
penfer. Elle laiffoit tout cet apareil
terrible, aux Tribunaux des Princes & des
Magiftrats Laïques, pour réprimer les
fujèts qu'ils voioient troubler la paix &
le bon ordre de l'Etat. L'Inquifition au
contraire, n'eft jamais fans tous ces objèts de terreur, & elle en ufe indiféremment contre l'Hérétique, & tous ceux

qui

qui lui font foûmis quelque paifibles qu'ils puiffent étre, elle ne met nulle difference entre un Hérétique paifible & un turbulent, elle n'en met pas même entre celui-ci & un zélé Chrétien. En un mot elle prend connoiffance de toutes fortes de crimes, fous prétexte d'Héréfie.

Du tems de la primitive Eglife, il n'y avoit que les Evêques qui connoiffoient du crime d'Héréfie, & quand ils étoient perfuadés qu'il falloit agir avec rigueur, ils avoient recours aux Magiftrats qui feuls pouvoient infliger des peines corporelles. Dans les lieux où l'Inquifition eft établie, ce font des fimples Eccléfiaftiques & le plus fouvent des Moines qui revêtus du titre d'Inquifiteur, connoiffent de ce crime, & les Evêques n'y ont plus de part ou fort peu. Les Magiftrats auffi y ont perdu toute leur autorité, tout ce qui leur en refte, c'eft d'être uniquement les témoins muets & les exécuteurs des jugemens de l'Inquifition fans ofer les examiner.

Autrefois les Hérétiques étoient jugés comme les autres criminels, les formalités n'étoient point differentes, les procedures étoient les mêmes, les mêmes moïens de se deffendre. Ils étoient confrontés avec leurs accusateurs, & pouvoient les recuser, s'il y en avoit lieu. En un mot, ils pouvoient se justifier comme tous les autres criminels. Dans l'Inquisition il en est tout autrement. Les procedures font tout à fait differentes, les formalités toutes nouvelles; les accusateurs ne paroissent point. Il faut deviner ce dont vous êtes accusé & les témoins qui ont déposé contre vous. Les moïens de faire périr un accusé font fort faciles, & ceux de se justifier très-difficiles ou plûtôt impraticables.

Autrefois quand un Hérétique se repentoit de ses erreurs, qu'il se soumettoit à la pénitence & à la correction de l'Eglise, il y étoit reçu avec joïe. Dans l'Inquisition il n'y a pour lui ni misericorde, ni ressource, & si, après avoir été sévérement puni & être sorti de ce terrible Tribunal, il a le malheur de reprendre ses prémiéres opinions, il ne peut expier cette faute que par la mort.

Aucun Tribunal par tout ailleurs ne fait point le procès aux criminels qui font morts sans être punis. Ils font à

cou-

couvert de toutes procedures dès lors, & leurs cendres font tranquiles dans le tombeau. L'Inquifition n'en agit pas ainfi : elle exerce fur leurs offemens qu'elle fait déterrer & fur leurs ftatues faites au naturel les mêmes cruautez qu'elle leur auroit fait fouffrir à eux mêmes s'ils euffent été en vie.

Ailleurs, on ne fait point un Crime à un fils, d'avoir caché fon Pére que l'on cherchoit pour le faire mourir. Une femme n'eft point coupable pour avoir fauvé fon mari dans un fi grand danger. On regarde ces bons Offices comme des devoirs naturels & dont on ne peut fe défendre. L'Inquifition ne les regarde pas ainfi, c'eft affez d'avoir pratiqué ces marques de tendreffe, & d'humanité pour être arrêté & brulé, quelquefois comme fauteur des Hérétiques.

Par tout ailleurs, quand on a été accu-fé à faux, ou emprifonné fans fujèt, tourmenté ou torturé fans l'avoir mérité, on peut publier fon Innocence & s'en faire honneur. On peut fe plaindre fans commettre un crime & fans donner lieu aux juges d'être encore arrêté, au con-traire ils font eux-mêmes les prémiers à

publier

publier qu'on les a surpris & que vous êtes Innocent. L'Inquisition ne fait jamais de pareil aveu, elle ne reconnoît jamais qu'elle se soit trompée, elle a toûjours raison. Et si un Innocent échapé de ses mains, osoit se dire tel, elle ne manqueroit pas de le faire arrêter & de le punir de mort, comme diffamateur du St. Office, car ce crime est irrémissible.

Parmi tous les peuples de l'Univers, un pauvre Criminel que l'on conduit au supplice, excite la pitié & la commiseration de tous les Spectateurs, on entre dans ses peines & on plaint son sort. Les peuples au contraire soûmis à l'Inquisition, se font un pompeux trophée de cette lugubre Cérémonie, & plus le nombre des miserables prisonniers & patients est considérable, plus aussi cette fête leur paroît Auguste & charmante.

Tout ce que je viens d'avancer paroîtra peut-être incroïable à ceux qui vivent dans les Païs où l'Inquisition n'est pas connuë. Mais je veux bien qu'ils s'en rapportent à tous ceux qui ont démeuré en Italie, en Espagne & en Portugal. Ils connoîtront alors que tout ce que j'ai dit, est conforme à la vérité.

Con-

Concluons donc que ce Tribunal se
donne très-mal à propos le titre de St.
Office, puisqu'il est tout à fait opposé à
la conduite des anciens Pères & de la
primitive Eglise, & à la douceur & à la
charité que Jesus-Christ a toûjours fait
voir non seulement pour les Hérétiques
mais même pour ses Persécuteurs.

TROI.

TROISIÉME PARTIE

*Faits Autentiques & averez qui servent
de preuves aux deux autres Parties.*

APRE's avoir donné l'Origine de
l'Inquisition, la maniére dont
elle est parvenue à ce degré
d'autorité suprême où elle est
aujourd'hui, & l'avoir suivie dans ses
Procédures aussi opposées aux régles de
la justice & de l'équité, que contraires à
l'esprit de l'Evangile ; nous allons rap-
porter plusieurs Histoires, qui prouve-
ront d'une maniére invincible que dans
tout ce que nous avons dit jusques ici,
il n'y a rien qui ne soit marqué au coin
de la verité, & que le prétendu zéle que
la cour de Rome & l'Inquisition affectent, pour conserver la Réligion dans
toute sa pureté, n'est qu'un manteau
dont ils couvrent leur ambition, leur
amour insatiable des richesses, leur esprit

Partie. III.   de

de vengeance, & la plus brûtale Luxure.

Mais pour pouvoir le faire avec plus de fuccès, nous remonterons à des faits éclatans, qui feront connoître que, dès fon origine, ce Tribunal a fait trembler non feulement les Particuliers, mais même les Princes & les têtes Couronnées.

Hiftoire de Ezeline.

EZELINE étoit Seigneur de Padouë & très-bon Catholique Romain. Cependant il fût excommunié comme coupable d'Héréfie par la Cour de Rome, fâchée de le voir attaché à l'Empereur *Frederic II.* Les Inquifiteurs nommés pour connoître de fon crime, le citérent de comparoître devant le St. Siége à Rome. Ezeline y envoïa des perfonnes accréditées pour témoigner de fon Innocence, mais qui ne fûrent pas admifes, le Pape infiftant, qu'il devoit comparoître en perfonne. Sur le refus qu'il en fît, ce Pontife envoïa l'Evêque de Trevifo, pour l'avertir qu'il feroit fujet à toutes les punitions exercées, contre les Hérétiques, s'il ne le faifoit pas dans le cou-

rant

tant du mois d'Août 1251., que de plus on accorderoit prise de Corps contre lui, que tous ses effèts seroient pillez, & qu'enfin on publieroit une croisade qui l'extermineroit lui & ses adhérans. Le Pape voïant son obstination porta une sentence, par laquelle il étoit déclaré Hérétique & tous ses biens dévolus à son Frère *Albert.* Ce qui ne tarda pas à s'exécuter, tant la soumission aveugle des peuples & la simplicité des Princes étoient grandes, en tout ce qui regardoit la volonté & les ordres de la Cour de Rome. En effèt, les foudres du Vatican faisoient trembler alors les plus grands Monarques, comme nous allons le voir dans les deux Histoires suivantes.

Histoire de *Jeanne*, Fille de l'Empereur *Charles V.*

CETTE Princesse fût citée de comparoître devant le Tribunal du St. Office, pour y être interrogée au sujèt d'une personne qu'elle connoissoit & qui étoit accusée d'Héréfie en matiére de Foi. Comme elle ne sçavoit si elle devoit obéïr ou non, l'Empereur son Père tout puissant qu'il étoit, fit bien voir

com-

combien il redoutoit la colére de Rome; car il ordonna à fa fille qu'il aimoit tendrement, de ne pas differer, & de donner inceffamment fa déclaration, non feulement contre tout autre perfonne, mais encore contre lui-même, fi elle le croïoit coupable de la moindre chofe. Cette Princeffe fuivit ce Confeil, & fût auffitôt donner fa dépofition à *Valdez* Archevêque de Seville, qui étoit alors Inquifiteur Général d'Efpagne.

Hiftoire de Dom Carlos.

L'Inquifition de Caftille pouffa encore plus loin l'infolence que celle d'Efpagne. En effet, elle entreprit de faire le procès à la Mémoire de *Charles V.* & de condamner au feu fon Teftament, comme Hérétique, auffi bien que les perfonnes qui avoient eu le plus de part à fon amitié & à fa confiance.

La Retraite de cet Empereur avoit donné lieu à plufieurs bruits, qui s'étoient répandus, (fi nous en voulons croire M^{rs}. de *Thou*, *Aubigné* & le *Laboureur*) mais le plus étrange fût, qu'il avoit contracté par le commerce qu'il avoit eu avec les Proteftants d'Allemagne,

gne, quelques inclinations pour leurs opinions, & qu'il ne s'étoit retiré dans la solitude que pour finir le reste de ses jours, dans des exercices de pieté conformes à ces dispositions secrètes; on disoit même que les mauvais traitemens qu'il avoit faits à plusieurs de ces braves Princes Protestans, que le sort des armes avoit soûmis à sa puissance, l'avoient obligé à admirer leur vertu dans leur malheur, qui faisoient honte à sa bonne fortune, & avoient insensiblement fait naître dans son cœur de l'Estime pour leur sentiment.

Ce qui donna encore plus de force à ses bruits, fût le choix qu'il fit de Personnes suspectes d'Hérésie pour lui tenir Compagnie dans sa retraite, & diriger Sa conscience. *Constantin Ponce*, Evêque de Dresse, fût choisi pour son directeur, le Docteur Caculla pour son Prédicateur & l'Archevêque de Tolede.

Un grand nombres de passages écrits de sa propre main sur tous les côtés de sa Celule à St Juste, où il mourût, & qui n'étoient pas éloignés des sentimens des Protestants sur la Justification & la Grace, confirmérent encore ces bruits.

Mais

Mais ce qui donna plus de poids à cette opinion, ce fût son Testament, qui n'étoit pas fait à la maniére des Romains, je veux dire, qu'il n'y étoit point fait mention de Legs pieux, ni d'aucune fondation pour des prières. Ce fût-là ce qui donna lieu à l'Inquisition de s'en formaliser.

Elle n'osa cependant pas éclater avant de savoir quels pourroient être les sentimens de *Philippe II.*, & s'il prendroit leurs procedures en bonne part, ou non. Mais ce Prince en montant sur le Trône, se signala par la persécution & les supplices qu'il infligea à tous ceux qui avoient secoué le joug de la Papauté. L'Inquisition devenuë plus hardie par son exemple, attaqua d'abord l'Archevêque de Tolede, Primat d'Espagne, ensuite *Caculla* & enfin *Constantin Ponce.*

Le Roi les aïant laissé emprisonner, on regarda cette patience comme une preuve indubitable de son Zèle pour la Religion, mais les plus sensés regardérent avec horreur le Confesseur de l'Empereur entre les bras duquel il étoit mort, abandonné & livré par son propre fils aux plus honteux & aux plus cruels supplices.

Les

Les Inquiſiteurs ne pûrent s'empêcher de faire voir que l'intérêt étoit le
ſeul motif qui les faiſoit agir , puiſqu'en inſtruiſant leur procès , ils ne
ceſſoient de leur reprocher d'avoir eu
part au Teſtament de l'Empereur. Au
reſte ſoit par jalouſie, ſoit par vengeance, ils les condamnèrent au feu auſſi
bien que le Teſtament de ce Prince.

. *Philippe* qui juſqu'alors avoit regardé
avec beaucoup de flegme , la conduite
criante des Inquiſiteurs, ſembla ſe reveil-
ler tout à coup, & faiſant Réflêxion aux
jugemens , que le monde entier feroit
de lui , s'il n'arrêtoit le cours des Procedures de leur Tribunal , qui etoient ſi
contraires à la Mémoire de ſon Père, &
qui pourroient dans la ſuite avoir de
très-mauvaiſes conſéquences, il ſe ſervit
des voïes les plus douces & les plus ſe-
crètes pour en arrêter l'exécution,
crainte d'aigrir les Inquiſiteurs. Dom
Carlos fils unique de *Philippe*, qui étoit un
Prince vif & rempli de ſentimens, agit
bien differenment que le Roi ſon Père en
cette occaſion. Car faute de connoître
tout le pouvoir de l'Inquiſition , il ſe
laiſſa emporter à l'indignation qu'il avoit
conçuë contre ce Tribunal, & qui étoit
pro-

proportionnée à l'amour & à la vénération qu'il avoit pour son Aieul. Il blâma hautement la foiblesse du Roi, & parla publiquement de l'entreprise de l'Inquisition, comme d'un attentât inoüi jusqu'alors. Il poussa même les choses si loin que de menacer qu'il extermineroit un jour ce Tribunal & les suppôts d'une violence qui n'avoit jamais eu d'Exemple. Cet emportement lui coûta cher, & l'Inquisition offensée, ne pût être satisfaite que par la mort de ce généreux Prince.

Cependant le Roi s'accommoda avec l'Inquisition au sujèt du Testament de son Père, dont à la verité elle ne parla plus, mais il fallût qu'il donnât son consentement à la mort de *Caculla* qui fût brûlé vif, avec l'Effigie de *Constantin Ponce*, mort en prison quelques jours auparavant. Pour l'Archevêque de Tolede, il en apella à Rome & ne se tira d'affaire qu'à force d'amis & d'argent, tant il est vrai qu'à Rome plus qu'ailleurs l'on fait & l'on obtient tout du Pape lorsqu'on a des Espéces.

Si cet accommodement calma un peu Don Carlos, il n'appaisa pas les Inquisiteurs, dont une des prémières maximes

ximes est de ne jamais pardonner. Pour cet effet, ils excitérent de si grands murmures parmi le peuple trop crédule & trop entêté de l'intégrité de l'Inquisition, que le Roi fût obligé de l'éloigner de sa Cour, avec le Prince Dom *Juan* son Frére & le Prince de Parme, son neveu qui étoient entrés dans le juste ressentiment de Don *Carlos* contre l'Inquisition.

La vengeance de ce cruel Tribunal, ne fût pas encore suffisamment assouvie. Quelques années après, les Inquisiteurs firent un crime à ce jeune Prince de la compassion, qu'il témoigna pour les malheureux peuples des Païs-Bas, que l'on traitoit cruellement. La Religion fût le voile dont ils couvrirent leur ressentiment. Ils supposérent que tous ces peuples étant Hérétiques, ce Prince ne pouvoit prendre part à leurs malheurs, sans se rendre coupable du même vice. Enfin ils agirent si puissamment sur l'Esprit du Roi, que ce Père dénaturé, soit par un Esprit de Bigotterie, soit par la crainte de se brouiller avec l'Inquisition, condamna son fils unique à la mort. Toute la grace qu'on lui accorda fût de choisir le genre de

mort

mort qu'il voudroit. Ce malheureux Prince fit faire un bain chaud, où s'étant fait ouvrir les veines, il mourût infenfiblement.

Hiftoire d'un Ambaffadeur Suiffe.

LE Cardinal *Borromée* Archevêque de Milan, qui a été depuis canonifé, étant allé en 1580. faire la vifite de quelques Eglifes de fon Diocèfe qui étoient fituées dans des lieux qui dépendoient de lui, pour le Spirituel & des Cantons Suiffes pour le Temporel, crût qu'il étoit du bien de la Religion d'y faire quelques nouvelles Ordonnances.

Les Suiffes en prirent ombrage & fans s'adreffer à l'Archevêque, ils envoïérent un Ambaffadeur au Gouverneur de Milan, pour le prier d'empêcher les vifites de l'Archevêque, dans les lieux de leur dépendance, & lui proteftér, en cas de refus, qu'ils emploïeroient les voïes de fait pour les arrêter, ce qui troubleroit la paix que fon maître avoit tant d'intérêt de conferver.

L'Ambaffadeur étant arrivé à Milan, fût loger chez un riche marchand de fa connoiffance. L'Inquifiteur ne l'eût pas

plûtôt

plûtôt apris que fans aucun refpeſt pour le Droit des Gens, & fans faire attention aux fuites fâcheufes qu'une aſtion fi violente ne pourroit manquer d'avoir, il fe rendit avec tous fes Officiers au logis de l'Ambaſſadeur, qu'il fît lier en fa préfence & conduire à l'Inquifition.

Quelque horreur que pût caufer à tout le monde, une telle violence faite à l'Ambaſſadeur d'un état Souverain, perfonne n'ofa s'y oppofer n'y même s'en entretenir. Il n'y eût que le Marchand qui s'intéreſſa pour lui. Il fût chez le Gouverneur de la ville, lui faire part de ce qui s'étoit paſſé chez lui. Le Gouverneur envoïa d'abord chercher l'Inquifiteur & l'obligea à relâcher fur le Champ cet Ambaſſadeur, auquel il fît enfuite tous les honneurs poſſibles & il lui accorda auſſi tout ce qu'il étoit venu lui demander.

Les Suiſſes, heureufement pour l'Archevêque, aprirent la délivrance de leur Ambaſſadeur prèsque auſſitôt que fa détention. Sans quoi ils avoient déjà réfolu de l'arrêter & de le traiter de la même maniére que l'on feroit à leur Ambaſſadeur. Le Gouverneur écrivit enfuite à l'Archevêque, qu'il étoit d'une néceſſi-

nécessité absoluë pour les intérêts de Sa Majesté Catholique son Souverain, de mettre fin à ses visites, ce qu'il fit & les choses demeurérent paisibles.

Histoire du Duc d'Olone.

LEs ennemis du Duc d'*Olone*, prémier Ministre d'Espagne, aïant conjuré sa perte, ne trouvérent point de moïen plus sûr pour en venir à bout, que de le déferer au St. Office. La haute faveur dans laquelle il étoit avec son Prince, le pouvoir dont il étoit revêtu en qualité de prémier Ministre d'une si grande Monarchie, ne fûrent point capables de le garantir des poursuites de ce Tribunal, il fût arrêté & condamné par l'Inquisition ; après avoir été abandonné d'un nombre présque infini de personnes, qu'il avoit comblées de ses bienfaits, dont la fortune étoit attachée à la sienne, & qui n'osérent pas faire la moindre démarche pour le sauver, par la crainte de devenir comme lui, la proïe de ce cruel Tribunal.

Histoire de Dominis.

MArc *Antoine* de *Dominis* étoit d'une famille très-Illuftre dans les Etats de Venife. Il avoit d'abord été Jefuite, il fût enfuite Evêque de *Segni*, & parvint enfin à la dignité d'Archevêque de Spalatio, & de Primat de Dalmatie. Il paffoit pour le plus favant homme de fon fiècle, dans toutes fortes de fciences, mais furtout dans la Theologie & l'Hiftoire Sacrée & Profane. Il étoit confulté fur toutes fortes de matières & répondoit fur chacune, à la fatisfaction de tous les Savarts. Il goûta cependant les opinions des Proteftans; & les foûtint avec toute la force dont il étoit capable, dans fa République Eccléfiaftique, mais auffi avec tánt d'aigreur contre le Pape & la Cour de Rome, qu'aucun de fes ennemis n'avoit jamais avant lui, pouffé les chofes fi loin. La paffion qu'il eût de publier cet ouvrage de fon vivant, & le peu d'aparence de refter en Italie, en le publiant, le firent retirer en Allemagne, d'où il paffa enfuite en Angleterre, y étant invité par les offres les plus gracieufes

de

de *Jacques* I., Roi de la Grande Bretagne.

De *Dominis* en fût reçû de la maniére la plus obligeante. Il lui donna de quoi subsister avec honneur, & suivant sa dignité. Il n'épargna rien ensuite pour l'engager à rompre tout à fait avec l'Eglise Romaine. De son côté la Cour de Rome, soit qu'elle ne voulût pas laisser une personne de son caractére entre les mains de ses ennemis, soit qu'elle le regardât lui-même comme un des plus redoutables, soit enfin qu'elle eût formé le dessein de s'en venger & d'en faire un exemple public, ne négligea rien pour le faire revenir dans sa patrie. Dom *Diego Sarmiento* de *Acuna*, Ambassadeur d'Espagne en Angleterre, l'éblouït & enfin le gagna par des offres considérables qu'il lui fît de la part du Pape.

Ce Prélat oublia alors les maximes qu'il avoit si souvent repetées dans ses ouvrages ; qu'on n'offensoit jamais impunément la Cour de Rome: qu'elle ne savoit ce que c'étoit que de pardonner & que tôt ou tard elle trouvoit moïen de se venger.

Il partit pour Rome malgré les Oppo-

     sitions

sitions de ses amis d'Angleterre, qui ne cessoient de lui représenter le malheur auquel il alloit s'exposer. Il n'y fût pas plûtôt arrivé, qu'il s'en aperçût, mais il étoit trop tard. On ne lui tint rien de tout ce qu'on lui avoit promis : on lui fît faire publiquement abjuration des prétenduës Héresies qu'il avoit répanduës dans ses livres. On lui laissa en aparence la liberté, mais il étoit toûjours suivi de tant de gens & qui l'observoient de si près, qu'on prétendit ou plûtôt qu'on supposa qu'il avoit des liaisons avec des *Anglois* & qu'il entretenoit des correspondances secrètes en *Angleterre*, c'en fût assez pour que l'*Inquisition* s'en saisit. Mais comme elle travailloit à son procès avec la lenteur ordinaire, ce grand homme mourût en prison, où de chagrin des fausses démarches qu'il avoit faites, ou par la crainte des supplices honteux & cruels qu'il savoit bien qu'il ne pourroit éviter, ou enfin par ceux qu'il souffrit dans l'Intérieur de l'*Inquisition*.

Histoire de Ligthgow.

Ligtgow natif d'Ecosse avoit toûjours eu une inclination naturelle pour voïager

voïager dans les païs Etrangers. S'y étant déterminé il passa à *Malaga* & contracta avec le Capitaine d'un Vaisseau *François* pour le transporter en *Alexandrie*. En attendant qu'il mit à la Voile, une flotte *Angloise*, qui croisoit pour donner la chasse aux Corsaires d'*Alger*, vint mouiller l'ancre dans ce port: ce fût le 17me Octobre 1620. Toute la Ville en fût dans une grande consternation, croïant que ces Vaisseaux étoient Turcs: sur le matin ils reconnurent leur erreur, & le Gouverneur voïant sur leurs pavillons la Croix d'Angleterre, il fût à bord du vaisseau du Chevalier *Robert Mansel* qui commandoit cette flotte dont il fût reçu très-civilement & à son retour il appaisa les fraïeurs de la Bourgeoisie & lui fit poser les armes. Le lendemain plusieurs de l'Equipage vinrent à Terre, qui étant des amis particuliers de *Ligthgow*, passérent quelques jours à voir les curiosités de la Ville & à se divertir avec lui, après quoi ils l'invitérent à leur bord pour rendre ses respects à l'Amiral qui le reçut parfaitement bien & le retint à bord jusqu'au lendemain que la flotte mit à la Voile.

Comme il se rendoit à son logement

 par

par des rûës détournées dans le deffein de faire mettre tout son petit équipage à bord du vaiffeau François qui devoit partir dès le même soir pour Alexandrie, il fût tout d'un coup arrêté par neuf Sergens ou Officiers, qui le conduifirent chez le Gouverneur à qui il se plaignit de la violence qu'on lui avoit faite. Mais il ne lui répondit qu'en branlant la tête & ordonna d'avertir auffitôt les Officiers de l'Etat Major de la Place & le Sécrètaire de la Ville, de se rendre chez lui pour l'examiner, la chose devant se faire le plus sécrètement qu'il étoit poffible, pour éviter que sa détention ne vint aux oreilles des Marchands Anglois qui réfidoient à Malaga.

Ce Confeil étant affemblé, ils le questionnérent suivant le soupçon qu'ils avoient que c'étoit un Efpion Anglois & ne négligérent rien pour tâcher de découvrir quelque chose de lui, mais ce fût inutilement. Ils lui demandérent pourquoi il avoit refufé les Offres que l'Amiral lui avoit faites de le prendre à son bord, & le nom des Capitaines de la *Flotte*; s'il n'avoit pas eu connoiffance qu'on l'équipoit avant son départ d'Angleterre, après quoi ils lui dirent qu'il étoit un Efpion venu à Malaga

laga depuis neuf mois, pour donner intelligence à sa Cour du tems qu'on attendoit des Indes la *Flotte* d'Espagne, & que la familiarité, qu'il avoit eu avec plusieurs Officiers Anglois, étoit une preuve certaine de cette verité. *Lithgow* ne pouvant détruire ces mauvaises impressions, les pria d'envoïer chercher un sac où étoient ses lettres & autres papiers, qui pouvoient les éclaircir & prouver son Innocence. Ce qui étant fait, on examina tout ce qu'il contenoit. On y trouva grand nombre de Passeports & de témoignages de plusieurs personnes de qualité, ce qui servit plûtôt à confirmer leur soupçon qu'à le diminuer. Un moment après un Sergent entrant dans la chambre par ordre du Gouverneur le fouilla, & lui ôta onze Ducats, qu'il avoit dans sa poche, ceci fit qu'il le déshabilla à sa chemise près. Il lui trouva dans sa ceinture cent trente sept doubles piéces d'or, qui faisoient 548 Ducats. Ensuite il fût conduit dans un lieu de sûreté. On le mit dans un horrible câchot, où on ne lui donnoit tous les jours, qu'une once & demie de pain, & une pinte d'eau, sans Lit ni Couverture.

N 4

Comme

Comme il ne vouloit rien avouër il fût mis trois jours après, à la torture & on eut la cruauté de lui en faire essuïer pendant cinq heures de tems 50. différentes, qui ne pouvoient avoir été inventées que par des Démons, & fût ensuite renvoïé dans sa prison, où on lui donna deux œufs & un peu de vin chaud pour l'empêcher de mourir.

Il reçût dans ce tems-là d'un Esclave Turc, ce qu'il ne pouvoit espérer de gens, qui se disoient Chrêtiens: il le consola & lui donna des pleurs que les cruautés, qu'on lui faisoit souffrir, arrachérent de ses yeux. Il lui apprit que des Prêtres du Séminaire Anglois & un Tonnelier Ecossois étoient par ordre du Gouverneur occupés, depuis quelque tems, à traduire en Espagnol tous ses livres, & les observations qu'il avoit faites dans ses voïages, & qu'on disoit publiquement qu'il étoit un Archi-Hérétique. Ce ne fût pas sans raison que dès-lors il craignit extraordinairement qu'on ne prit quelque autre voïe pour le faire périr.

Deux jours après le Gouverneur, l'Inquisiteur & deux Jésuites vinrent dans sa prison, & après lui avoir fait plusieurs questions

&

& l'avoir preſſé de changer de Religion; ils lui dirent qu'aïant d'abord été arrêté pour un Eſpion innocemment, ils avoient découvert par la traduction de ſes papiers, qu'il tournoit en ridicule la bienheureuſe Dame de Lorette, & qu'il parloit avec peu de reſpect de ſa Sainteté, l'Agent & le Vicaire de Jeſus-Chriſt ſur la Terre, qu'ainſi il étoit déferé à l'Inquiſition. Que cependant ils lui accordoient huit jours, pour retourner au Giron de l'Egliſe, pendant lequel tems l'Inquiſiteur lui-même & d'autres Prêtres lui donneroient toutes les Inſtructions néceſſaires, pour le tirer du miſérable état, où il étoit, ſans quoi ils ſe ſerviroient des moïens qu'ils avoient en main. Ils lui rendirent pluſieurs viſites, pendant ce tems, mais ſans aucun ſuccès. Le jour étant arrivé, il fût condamné à eſſuïer onze différentes tortures, & en cas qu'il n'en mourût pas, il devoit être mené à Grénade, après les Fêtes de Pâques pour y être brûlé. Le même ſoir il fût mis à la torture, qu'il ſuporta avec beaucoup de conſtance & de fermeté, quoi qu'on le traitât avec toute la cruauté & la barbarie imaginable. Après quoi on le renvoïa dans ſon cachot où l'Eſclave

 Turc,

Turc lui porta secrètement quelques rafraichissemens, qu'il n'avoit pas la force de prendre. Ce pauvre Esclave quoiqu'élevé Mahometan dès son Enfance, & accoûtumé aux mauvais traitemens, qu'on faisoit aux Esclaves Chrêtiens dans son Païs, ne pût cependant refuser des larmes aux malheurs de *Ligthgow*. Il en eût tant de chagrin & se laissa si fort attendrir qu'il en tomba malade peu de jours après. Un Mousse Esclave trouva moïen de suppléer amplement au défaut du Turc, aïant plus de liberté dans la Maison. Il lui aporta tous les jours, pendant six semaines, des vivres & un peu de vin.

Enfin lorsqu'il s'attendoit à tout moment de finir ses jours par le supplice le plus cruël, il fût relâché par un événement des plus extraordinaires & peu attendu. Un Espagnol de distinction étant à souper chez le Gouverneur, celui-ci lui fît un détail de tout ce qui étoit arrivé à *Lithgow* depuis sa détention, & comme il lui avoit détaillé toutes les circonstances de sa détention & les souffrances qu'il avoit essuïées, un jeune Flamand domestique de l'Espagnol, & qui servoit son Maître à table, émû de pitié, par le récit des cruautés que cet

homme

homme avoit souffertes, & plus encore de celles qui lui étoient préparées, puisqu'il étoit condamné à être brûlé vif; passa la nuit suivante dans une mélancolie si noire, qu'il ne pût reposer. Dès-que le jour paru, il se leva & sans faire part de son dessein à qui que ce soit, il fût informer un Facteur Anglois, de tout ce que le Gouverneur avoit dit à son Maître. Celui-ci, aussitôt que le Domestique l'eut quitté, envoïa chercher six autres Facteurs Anglois, qui consultérent ensemble & résolurent d'envoïer au Chevalier *Afton*, Ambassadeur du Roi d'Angleterre à Madrid, ce Ministre aïant présenté un Mémoire au Roi & au Conseil, *Ligthgow* fût relaché & emporté à bord de la flotte du Chevalier *Manfel*, qui étoit à l'ancre à Malaga. Il étoit dans un état si triste & si déplorable qu'on fût obligé de le porter sur des couvertures.

Son Capitaine demanda ses papiers, ses livres & son argent, mais il ne pût obtenir que des Complimens & des espérances. C'est ainsi que l'Avarice des Inquisiteurs, & leur amour insatiable des Richesses, s'est souvent fait connoître à ceux qui ont jugé de leurs démarches sans prévention.

Histoire

Histoire de Jeanne Bohorquia.

GONSALVIUS nous rapporte que l'Inquisition de Seville fît arrêter & emprisonner *Jeanne Bohorquia*, femme du Seigneur d'Higuera, qui étoit de noble Extraction sur la déposition de sa Sœur *Marie Bohorquia*, qui par les douleurs de la torture, fût forcée de s'avouer coupable d'Héréfie & de charger sa propre sœur en difant qu'elle avoit converfé avec elle sur ce sujèt, encore ne pût-elle par cet aveu, éviter la mort cruelle que l'Inquifition fait fouffrir à la plûpart de ses Prifonniers, en la faifant brûler vive.

Jeanne Bohorquia, étoit groffe de fix mois lorfqu'on l'arrêta, ce qui fît qu'on la traita d'abord avec moins de dureté à caufe du fruit qu'elle portoit : huit jours après qu'elle fût accouchée ils lui ôtérent fon enfant & au 15, ils la renfermérent de plus près & lui firent éprouver le même fort qu'aux autres prifonniers. Ils conduifirent fa caufe avec les rufes & la rigueur accoûtumée dans ce prétendu St. Lieu, dans cette miférable conjonéture, elle n'avoit pour toute Confolation, que la Compagnie d'une
jeune

jeune fille fort pieuse, que les Inquisiteurs firent brûler quelques tems après, sous prétexte qu'elle étoit Hérétique, après l'avoir auparavant appliquée à la torture, & l'avoir mise dans un état si terrible qu'elle ne pouvoit plus du tout se remuer.

M^e. *Bohorquia* lui donna à son tour toutes les consolations & le soulagement qui dépendoit d'elle, avec la plus grande compassion, & la plus grande tendresse. Mais à peine commençoit-elle un peu à se rétablir que Madame *Bohorquia* fût conduite elle-même à de semblables supplices & fût torturée avec tant de cruauté, que les cordes lui coupérent jusqu'aux os des jambes, des cuisses & des bras. Elle fût ramenée dans sa prison sur le point d'expirer & dégorgeant le sang à tout moment ce qui fit qu'elle mourût huit jours après.

Sa mort embarassa un peu les Inquisiteurs, d'autant plus qu'elle étoit native de Seville même, & qu'il falloit satisfaire le peuple sur son compte. Dans le prémier Acte de Foi, qui se fit après sa mort, on lût sa sentence par laquelle on faisoit entendre que cette Dame étoit morte en prison, sans dire cependant de quel

quel genre de mort, mais qu'après a-
voir soigneusement examiné son procès, le St. Tribunal l'avoit reconnuë
pour Innocente, & avoit défendu de
proceder contre elle, qu'il la rétablis-
soit dans sa prémiere innocence & sa
réputation, & ordonnòit que tous ses
effèts, qui avoient été confisqués, fuslent
rendus à ceux à qui ils appartenoient
de droit. Grande satisfaction pour ses
parents, de la voir reconnuë Innocente
après être morte de la manière la plus
cruelle & la plus barbare.

Histoire d'Isaac Orbio.

ISaac *Orbio* Medecin, nous est une
preuve invincible de la cruauté & de
l'injustice des Inquisiteurs. Il nous
apprend qu'il fût accusé de Judaïsme par
un Maure qui avoit été son Domestique
& qu'il avoit fait fustiger pour plusieurs
larcins. *Orbio* qui n'étoit point coupable, ne voulut jamais s'avouër tel. Ce
qui fît qu'après avoir resté trois ans en
prison, & qu'on l'eût examiné plusieurs
fois sur les accusations portées contre
lui, il fût condamné & appliqué à plusieurs tortures differentes, que nous
allons

allons raporter pour montrer la Barbarie Diabolique de ce Tribunal.

D'abord ils lui mirent un habit d'une grosse toile qu'ils serrérent avec tant de force par les deux côtez qu'il ne pouvoit presque plus respirer, & relâchant tout d'un coup, il souffroit par ce changement des douleurs très-violentes.

Ensuite ils lui serrérent les pouces avec de petites cordes & cela avec tant de cruauté que le sang s'élançoit par dessous les ongles.

La troisième fût de le faire asseoir sur un banc le dos appuïé contre un mur dans lequel on avoit fixé de petites poulies de fer. On y avoit passé des cordes qui l'attachoient par les bras & les jambes & par quelques autres endroits du Corps. L'Exécuteur tirant ces cordes avec violence, colloit pour ainsi dire son Corps à la muraille & ses pieds & mains étoient si serrés qu'il ressentoit de vives douleurs & semblables à celles qu'on éprouve lorsqu'on est exposé au feu. Dans ces tourmens horribles, on lui ôta tout d'un coup le banc, qu'il avoit sous lui, tellement que ce misérable pendoit au cordes qui l'attachoient, & comme il n'y avoit plus rien qui le soûtint, le poids

de

de fon Corps ferroit les nœuds encore beaucoup davantage.

A ce genre de torture, en fucceda un autre. On fe fervit d'un inftrument fait à peu près comme une petite Echelle, qui n'avoit que cinq morceaux de bois en travers, mais faits en taillant & difpofés de façon, que par un certain mouve-ment le malheureux *Orbio* recevoit à la fois, cinq coups fur chaque jouë, ce qui fît qu'il s'évanouit.

Enfin étant revenu de fon évanouiffe-ment, on lui infligea la derniére torture. L'Exécuteur lui attacha les poignèts avec de petites cordes, & lui fit paffer & croifer les bras derriére le dos; enfuite il le renverfa par terre les piéds contre un mûr, & couché auffi fur le dos. A-près ces préparatifs, il l'éléva en haut de toute fa force par le moïen des deux cordes, qui tenoient les poignèts d'Or-blo, & qui paffoient par deffous fes aiffelles, & auffitôt il le laiffa retom-ber. Cette torture fût réïtérée par trois fois. Il arriva la troifième fois, que les cordes, qui étoient attachées autour de fes bras à deux doigts des bleffures que les deux prémières lui avoient faites, gliffèrent par la fecouffe dans fes pré-

mières

mières bleſſures, & lui cauſérent une ſi grande effuſion de ſang qu'on crut qu'il alloit mourir.

Alors les Inquiſiteurs conſultérent les Medecins, pour ſavoir ſi on pouvoit ſans danger de mort, faire ſubir pour la quatrième & derniére fois, la même torture à cet infortuné. Comme ceux-ci n'étoient pas ennemis d'*Orbio*, ils leur répondirent qu'il pourroit fort bien ne la pas ſoûtenir. Et par cette déciſion ils lui ſauvérent le malheur de ſubir encore pluſieurs autres tortures, car il étoit condamné à en ſouffrir un grand nombre & toutes le même jour & l'une après l'autre. On le renvoïa donc dans ſa priſon, où il fût plus de ſoixante & dix jours ſans être guéri. Malgré toutes ces ſouffrances, un ſeul ſoupçon d'Héréſie ou plutôt de Judaïsme lui mérita encore aux yeux des Inquiſiteurs un banniſſement perpétuel.

Hiſtoire de Caivajal.

LOuïs *de Caivajal*, quoique Gouverneur & Général des Provinces de *Tampilo* & *Pancilo*, fût condamné à faire amende honorable publiquement, pour n'avoir pas dénoncé quatre jeunes Dames, qui étoient ſes niéces & qui faiſoient ſecrètement Profeſſion de Judaïsme. Et quoique peu de tems auparavant il eût été lui même Préſident, il fût obligé d'entendre lire la ſentence ignominieuſe qu'on prononça contre lui. Il fût dépouillé enſuite de toutes ſes charges, & réduit à la dernière miſère, ce qui le fît mourir de chagrin.

Hiſtoire d'une Dame, de ſes deux Filles & de ſa Niéce.

EN l'An. 1559. que la perſécution commença à Séville avec beaucoup de violence contre les Hérétiques, l'Inquiſition fît arrêter une bonne vieille Dame avec ſes deux Filles & ſa Niece, qui étoient mariées. Elles ſouffrirent toutes pluſieurs ſortes de tortures avec une conſtance véritablement Heroïque, ſans qu'on eût pû faire avouer à aucune le crime d'Héréſie dont on les ſoupçonnoit, ou les engager à ſe trahir les unes les autres, comme on l'avoit eſpéré. Mais l'Inquiſiteur, fecond en piéges, fît ammener, quelque tems après, une de ſes Filles à l'audience, Il commença par lui parler avec beaucoup de douceur & à la consoler. Après avoir réïtéré plusieurs fois ces entretiens, & voïant qu'il pouvoit l'engager à suivre sa volonté, il lui dit un jour après une conversation familière, indifférente & même cavalière, qu'il avoit toûjours été aussi sensible à son malheur que s'il eut été son propre Père, & que si elle vouloit le consulter comme tel, cela tourneroit beaucoup à son avantage, à celui de sa Mére, de sa Sœur & de sa Cousine, & qu'elle n'avoit qu'à s'en reposer entiérement sur sa protection. Aïant sous ces beaux dehors trompé cette pauvre fille qui étoit fort simple, il lui dit qu'elle devoit découvrir ce qu'elle savoit sur son compte, sur celui de sa Mère, de sa Sœur & de sa Cousine & même sur celui de ses Tantes, qui pour lors n'étoient pas encore arrêtées, lui promettant que si elle le faisoit, il trouveroit moïen de la soulager dans son malheur & de la faire relâcher elle. & toutes ses Parentes incessamment.

Cette Fille, qui n'avoit pas beaucoup de pénétration, donna aisément dans le Panneau que le bon Père lui tendoit. Elle lui parla de la Sainte Do-

ctrine

ctrine qu'on lui avoit enseignée, & dont elle avoit accoûtumé de s'entretenir avec toute sa famille. L'Inquisiteur après ce prémier dénouement ne négligea aucune promesse pour en découvrir tous les Secrèts, & la fît paroître devant l'Audience pour donner sa déposition légalement & dans les formes; lui répéta les proméffes qu'il lui avoit données de sa liberté. Mais dans le tems que cette pauvre fille se croïoit au point de voir l'accompliffement de ce que ce St. Perfonnage lui avoit promis, cét Inquifiteur avec sa fequelle, trouvant qu'il avoit découvert en partie par les Careffes, ce qu'il n'avoit pû tirer d'elle auparavant par les tourmens, conclut qu'on dévoit l'appliquer de nouveau à la torture pour l'obliger à confeffer ce qu'ils croïojent qu'elle tenoit caché. Ce qui fût exécuté avec la cruauté la plus noire & la plus Diabolique, qu'on ait jamais pû inventer, jufqu'à ce qu'enfin fórcée par ces horribles tourmens, elle accufa fa Mère, fa Sœur, fa Coufine & plufiéurs autres perfonnes qui furent enfuite prifes, torturées & brulées vivés dans le même feu, où cette pauvre Créature, malgré la parole que l'Inl'Inquisiteur lui en avoit donnée par serment, fût aussi réduite en cendre.

Si nous avons vû dans l'exemple précedent une fille déposer contre sa Mère, sa Sœur, & sa Cousine, nous verrons dans celui ci un fils & une fille qui déposent contre leur Père.

Histoire d'Alphonse Nobre.

ALphonse Nobre né à *Villa Vizoza,* descendu d'une des meilleures & des plus anciennes familles de cette ville, qui avoit remplis plusieurs fois de ces emplois, qu'en Portugal on ne donne qu'aux Personnes Nobles, & dont la race avoit été généralement irréprochable de la moindre teinture de Judaïsme, fût prit & conduit prisonnier à l'Inquisition de *Coimbra* sur les Informations qu'on avoit données qu'il n'étoit pas Chrêtien. Quelque tems après, on mena aussi dans le même endroit son Fils & sa Fille qui étoient les seuls enfans qu'il avoit. Comme ils étoient fort jeunes ils déposérent, peu de tems après, contre leur Père, soit qu'ils y fussent poussés par les mauvais conseils qu'on leur avoit donnés, soit

 plûtôt

plûtôt qu'ils .y fussent forcés par les tourmens qu'on leur fît souffrir. Enfin le Père infortuné fût condamné à être brulé vif, sur la déposition de ses enfans. Le jour de l'Acte de Foi étant arrivé, le Fils s'approcha de son Père pour lui demander Pardon & sa Bénédiction; mais le Père lui répondit, je vous pardonne à tous les deux quoique vous êtes la cause que je dois souffrir une mort cruelle & honteuse, pour ma Benediction je ne saurois vous la donner; car celui-là ne peut être mon Fils, qui confesse ce qu'il n'a jamais fait, qui est & qui a toûjours été Catholique Romain & renie honteusement, son Sauveur en disant qu'il est juif. Allez, dit-il, Fils dénaturé, je prie Dieu de vous pardonner. Etant arrivé au lieu fatal, où il devoit perdre la vie, il fît paroitre tant de courage & de fermeté dans la profession de la Religion Chrêtienne, & fît des discours si touchans & des Priéres si pieuses, qu'il s'attira l'Admiration de tous ceux qui l'entendoient & les remplit d'horreur pour les juges.

Histoire de Dona Beatrix.

DANS le même Acte de foi où *Alphonse* fût brulé, *Dona Beatrix* de *Carvalla*, d'une des prémières familles d'*Elvas*, & femme de *Jalome* de *Melto*, eût le même fort, après avoir été condamnée fur la dépofition de fes enfans, comme coupable de Judaïfme. Il n'y a pas lieu de douter que fi les Inquifiteurs avoient agi de bonne-foi, avec équité & dans le véritable deffein de découvrir la vérité, ils n'euffent pû reconnoître l'Innocence de cette Dame auffi bien que celle de Mr. *Alphonfe*: car en comparant les aveux que chacun de leurs enfans avoit fait féparement, & les dépofitions du Délateur dans les faits & dans les circonftances, ils n'auroient pû s'empêcher d'y découvrir beaucoup de différence. La verité ne fouffre point de variations. Elle eft toûjours la même dans la bouche de ceux qui veulent la fuivre invariablement, ainfi en les confrontant tous féparement, ils auroient tiré de nouvelles lumières, mais qui ne fe feroient pas accordées avec la confifcation des biens confidérables de ces deux Victimes, qui

étoit

étoit le bût principal qu'ils s'étoient pré-
pofé en les faifant arrêter. C'eft ce que
l'Exemple fuivant prouvera d'une manière incontéftable.

Hiftoire de J. Pereira.

JOfeph *Pereira* de *Menefes*, Capitaine Général des Armées Navales du Roi de
Portugal, dans les Indes & un des plus
confidérables de *Goa*, eut ordre du Gouverneur d'aller avec fa Flotte au fecours
de la Ville de *Diu*, qui étoit affiegée par
les Arabes. Il partit & fût retenu à Bacaim plus longtems qu'il n'auroit fouhaité
par les vents contraires. Ce qui donna
le tems aux Arabes de piller & de faca-
ger *Diu*, & de s'en aller chargés de
Butin, avant l'arrivée du fecours que
Pereira de *Menefes* amenoit. Ce qui fit
qu'après avoir donné fes ordres, il retour-
na à *Goa*, où il ne fût pas plûtôt arrivé
que le Gouverneur qui s'appeloit *Antonio
de Mello de Caftro*, & ennemi juré de
Pereira, le fit arrêter & lui fit faire fon
procès, l'accufant d'avoir féjourné exprès à Bacaim pour éviter l'occafion de
combattre les ennemis & d'avoir ainfi
par fa lacheté & fa négligence été la
cauſe

cauſe de la ruïne & du pillage de *Diu.* Mais comme les Gouverneurs n'ont pas le pouvoir de faire exécuter à mort les Gentils-hommes ſans un ordre exprès de la Cour de Portugal, *Antonio de Mello,* ne pouvant ôter la vie à ſon ennemi, prononça contre lui une ſentence infini-ment plus dure que la mort, pour un homme d'honneur. Il fût donc en con-ſéquence du jugement rendu contre lui, conduit par le Boureau dans les ruës de la Ville, la corde au col & une Que-nouille à ſon côté. Un Heraut marchant devant lui crioït que cette punition lui étoit infligée de la part du Roi, comme lâche & traitre à ſa Patrie. Mais ce ne fût pas là la fin de ſes malheurs. A peine fût-il de retour dans ſa priſon, qu'un Familier de l'Inquiſition vint le prendre & le conduire au St. Office.

Ce nouvel accident ſurprit tout le monde, qui ſavoit bien que *Joſeph Perei-ra* ne pouvoit être accuſé de Judaïſme étant d'une ancienne famille Chrêtienne & qu'il s'étoit toûjours conduit en hon-nête homme. On attendoit avec impa-tience le jour de l'Acte de Foi pour être éclairci de ſon crime. Mais comme on

ne

ne le vit point paroître à cette Cérémonie la surprise redoubla.

Il faut remarquer que *Joseph Pereira*
avoit eu depuis longtems un démêlé avec
un Gentilhomme de ses amis, avec qui il
s'étoit cependant reconcilié ; mais ce
faux ami qui n'avoit pas perdu de vûë le
dessein de se vanger lorsque l'occasion
s'en présenteroit favorable, crût la trouver telle qu'il la souhaitoit qui venoit
d'arriver à *Pereira*, pour cet effet, il su-
borna à force d'argent cinq de ses Domestiques, qui l'accusérent à l'Inquisition coupable de Sodomie, & déposérent l'avoir vû commettre ce crime avec
un de ses Pages, qui fût aussi arrêté. Le
Page qui n'eut pas tant de constance,
que son maître intimidé par l'idée d'une
mort cruelle qui devoit être le prix de sa
résistance, & ne voïant point d'autre
moïen de sauver sa vie qu'en se déclarant coupable, s'accusa d'un crime qu'il
n'avoit pas commis & devint ainsi suivant la coûtume usitée dans le St. Office
un nouveau témoin contre son Maître. Sa
confession lui sauva la vie, mais il fût
banni à Mozanbique.

Cependant *Pereira* continuoit à se dire
Innocent, ce qui fît qu'on le condamna
à être

à être brûlé vif. Au moment qu'il alloit
fortir de prifon pour fubir fa Sentence,
les Proteftations continuelles qu'il faifoit
de fon Innocence, ou plûtôt l'Eftime que
les Inquifiteurs avoient toûjours eue pour
lui, les porta à differer fon exécution,
pour voir fi avec le tems, ils ne pourroient pas l'engager à confeffer fon crime, ou trouver le moïen d'éclaircir cette
affaire. Il fût donc renvoïé à un autre
Acte de Foi.

Pendant l'année qui s'écoula depuis
cette Cérémonie jufqu'à l'autre, ils inter-
rogérent plufieurs fois l'accufateur & les
témoins, & s'étant avifés de demander à
Chacun deux en particulier , fi la nuit
qu'ils difoient que leur Maître avoit commis ce déteftable crime, la Lune luifoit
ou non, ils virent qu'ils differoient dans
leurs réponfes & les firent appliquer à la
queftion. Pour lors ces malheureux fe
dédirent de tout ce qu'ils avoient dit &
avancé contre leur Maître. On fe faifit
auffitôt des accufateurs, & *Pereira* fût
reconnu Innocent & fortit de prifon au
prémier Acte de Foi, grace à fa pauvreté. L'Accufateur fût banni pour neuf ans
aux côtes d'Afrique & les témoins condamnés à cinq ans de Galere. Tel eft
l'avan-

l'avantage qu'on peut retirer de la confrontation des témoins, mais l'avarice des Inquisiteurs ne s'en accommoderoit pas, non plus que leur esprit de vengeance & de passion qui les fait agir, puisque ce n'est pas l'envie d'affermir la Religion, ni de punir le vice, qui les animent, comme on peut le voir dans les trois Histoires suivantes.

Histoire d'un Bourgeois de Seville.

UN *Bourgeois de Seville*, mais fort pauvre, s'entretenoit lui & sa famille du travail de ses mains & gagnoit son pain à la Sueur de son visage. Il avoit le chagrin encore de voir sa femme entre les mains d'un Prêtre qui la lui retenoit par force. Cependant l'Inquisition ni aucun autre Tribunal, ne prenoient connoissance d'un tel crime. Un jour que ce pauvre homme s'entretenoit du Purgatoire avec quelques personnes de sa connoissance, il dit d'une manière à faire connoître qu'il n'avoit d'autre dessein que d'épancher sa douleur dans le sein de ses amis. Pour moi j'ai assez mon Purgatoire dans ce monde par l'action indigne du Prêtre qui retient ma

femme

femme par force. On raporta cela au Prêtre qui trouva à propos de le faire accuſer a l'Inquiſition ſur les idées erronées qu'il avoit du Purgatoire. L'Inquiſition, ſans reprocher même le crime au Prêtre, fît arrêter ce pauvre miſérable, qui après avoir été deux ans en priſon pour cette bagatelle, fut obligé de marcher à la Proceſſion & condamné à porter pendant trois ans le Sambenitos, dans une priſon particulière après leſquels ſuivant que les Inquiſiteurs le jugeroient à propos, il devoit être relâché ou detenu plus longtems encore priſonnier de l'Inquiſition. Ils pouſſèrent la cruauté ſi loin qu'ils confiſquèrent le peu qu'il pouvoit avoir à l'avantage du St. Office, & laiſſèrent ſa femme entre les mains du Prêtre pour ſatisfaire ſa brutalité.

Hiſtoire d'un autre Bourgeois de Seville.

DANS le même Acte de foi, il ſe trouva un riche Citoïen de Seville qui fût obligé de marcher à la proceſſion ſans manteau & ſans chapeau & portant une torche allumée ; uniquement pour

avoir

avoir dit que les dépenses extraordinaires qu'on faisoit & dans lesquelles les Espagnols donnoient beaucoup plus qu'aucune autre nation, pour ériger le Jeudi Saint certains monumens de papier ou de toile à l'honneur de Jesus-Christ, qui étoit alors dans les Cieux, aussi bien que celles qu'on faisoit à la Fête du Corps de Jesus-Christ, seroient beaucoup plus agréables à Dieu, si on les emploïoit à soulager les pauvres ou à placer des pauvres Filles Orphelines auprès d'honnêtes gens pour leur donner une bonne éducation. Ces discours quoique très-sensés le firent soupçonner de Luthéranisme, & pour se tirer d'affaire, il fût obligé d'avouer son Héréfie & ensuite condamné à 100. Ducats d'amende applicables aux frais de l'Inquisition.

Histoire d'un Païsan.

L'Eveque de Tarragone prémier Inquisiteur de Seville, fût se divertir un jour de l'Eté avec tous les principaux Officiers de l'Inquisition dans de beaux jardins situés sur le bord de la mer. La beauté de ce séjour & le beau tems qui continuoit toûjours, l'engagerent à y

rester

refter pendant huit jours. Se promenant donc accompagné de fa fuite, comme c'étoit fon ordinaire, il arriva fur le bord d'un étang, où il prit fon divertiffement avec fa Compagnie. Par hazard il fe trouva là un petit enfant âgé tout au plus de trois ans qui fe jouoit fur le bord de l'eau avec une baguette. Un des Pages plûtôt par malice que par envie la lui arracha des mains ; l'Enfant fe mit à pleurer, auffitôt fon Père qui étoit jardinier & qui travailloit tout près, s'approcha & aïant appris la caúfe des cris de fon enfant, il dit au Page de rendre la baguette à fon enfant, mais celui-ci la refufant d'un air de mépris, il l'arracha de fes mains & eût le malheur de lui faire une petite égratigneure. En un mot la peau étoit feulement un peu enlevée à caúfe des petits boutons de la baguette & il n'y avoit pas le moindre danger à craindre. Cependant le Page s'étant allé plaindre à fon Maître de fa prétenduë bleffure, l'Inquifiteur fans faire d'autre information, fit prendre & conduire le jardinier dans les Prifons de l'Inquifition & l'y retint pendant neuf mois chargé de fer. Comme il n'étoit pas fort à fon aife, fa femme & fon

enfant

enfant penférent mourir de faim pendant ce tems-là, & il eût une peine infinie pendant plufieurs années pour fe raccommoder, tant fa détention avoit dérangé fes petites affaires, encore les Inquifiteurs vouloient-ils, lorfqu'il fût relaché, lui faire accroire qu'on l'avoit traité avec plus de compaffion que fon crime ne le méritoit.

Hiftoire de Burton.

Nicolas Burton Anglois de nation, étoit un homme bien remarquable par fa pieté, mais l'Inquifition de Seville l'aïant fait arrêter, comme il perfeveroit conftamment dans fa croïance, il fût condamné à être brulé vif, d'abord on faifit tous fes effèts & marchandifes qu'il avoit apportées d'Efpagne pour négocier, & qui fûrent auffitôt toutes confifquées au profit de l'Inquifition. Parmi ces marchandifes, il y en avoit beaucoup qui apartenoient à un autre marchand de Londres & dont le fufdit Burton n'étoit que le facteur. Le marchand Anglois aïant apris fon malheur & que tout étoit confifqué, envoïa en Efpagne un particulier nommé Fronton,

muni

muni d'une Procuration & de preuves convainquantes, mais nécessaires pour reclamer les marchandises qui lui apartenoient. Celui-ci étant arrivé à Seville & présenté à l'Inquisition le sujèt de sa commission avec tous les papiers utiles pour la faire réussir auprès de tout autre personne que l'Inquisiteur, fût renvoïé de tems à autre, on emploïa toutes fortes de voïes pour le lasser & le constituer en des fraix ruïneux, afin de l'obliger à se désister de ses demandes. Mais par sa persévérance, il poussa à bout les Inquisiteurs, ces Monstres qui ne savent ce que c'est que de rendre justice, de façon qu'ils prirent la résolution de l'arrêter. Ils le firent donc venir à l'Inquisition sous prétexte de régler ses affaires avec *Burton*. Cette nouvelle lui causa une joïe extraordinaire dans l'espérance que son affaire étoit sur le point d'être terminée & qu'il pourroit bientôt retourner dans sa Patrie, mais il fût bien trompé & sa surprise fût inexprimable lorsqu'au lieu de le mener auprès de *Burton*, on le conduisit dans un cachot sombre où on l'enferma. Trois ou quatre jours après, on le mena à l'audience, & lorsqu'il vint à demander aux Inquisiteurs les biens &

les effèts qui apartenoient à celui qui l'avoit envoié, ils lui ordonnérent, pour toute réponse, de reciter l'AVE MARIA. Ce qu'il fît en supprimant ces derniéres paroles, SANCTA MARIA. Par-là il découvrit pleinement qu'il n'approuvoit pas l'Intercession dés Saints, & sous cé beau prétexte, il fût retenu plusieurs jours en prison & condamné à marcher à la Procession, à la confiscation de tous ses biens, & à une année de prison.

Histoire d'un Gentilhomme.

L'AUTEUR de l'Inquisition de Goa, nous fournit un autre exemple bien sensible de l'Injustice & de l'Avarice des Inquisiteurs. Un Gentilhomme Portugais très riche qui étoit d'une famille de Nouveaux Chrétiens, s'étant attiré la haine de bien des gens par des Procès qu'il avoit eus, ceux-ci ne trouvèrent point de moïen plus propre de se venger de lui qu'en le dénonçant au St Office comme faisant Profession secrète de Judaïsme avec sa famille, en sorte que dans le même jour *Louïs Peçoade*ssa sa femme, ses deux fils & sa famille, quelques autres parens même qui demeuroient

chez

chez lui, fûrent arrêtés & renfermés
dans l'Inquifition ; *Peçoa* fût d'abord in-
terrogé pour favoir le détail de fes biens
qui lui produifoient plus de trente mille
livres de rente, lefquels auffi bien que
fes meubles, fûrent confifqués & enfeve-
lis auffitôt dans l'Inquifition, qui étant
ainfi en poffeffion d'une bonne proïe, ne
fe mettoit pas fort en peine d'inftruire le
procès du prifonnier. Comme il perfi-
ftoit lui & toute fa Maifon à nier le crime dont on les accufoit ; on leur fît part
au bout de trois ans, des accufations &
des conclufions de mort du Promoteur
s'ils ne fe déterminoient à le confeffer.
Lui, qui fe fentoit Innocent, bien loin
d'y confentir, vouloit toûjours fe jufti-
fier, proteftant que tous les faits dont on
l'accufoit, étoient faux. Il les refuta même par de bonnes raifons & demanda
qu'on lui fît connoître fes accufateurs &
les témoins qui avoient dépofé contre
lui, difant qu'il étoit fûr de les convaincre de fauffeté, ce qui ouvroit une belle
porte aux Juges, pour reconnoître la verité. Mais comme ils n'avoient pas deffein
de rendre une fi belle fomme, fans aucun égard à tout ce qu'il avoit avancé
pour fa juftification, ils le condamnèrent

au feu.   Le Duc de *Cadaval*, qui étoit
son Compère & intime ami du Duc *Daveira Inquisiteur Général*, s'informoit de
tems en tems de lui, & comment alloient ses affaires.   Un jour celui-ci lui
dit que ne voulant point confesser son
crime & en étant d'ailleurs suffisamment
convaincu suivant les maximes du St.
Office, il ne pouvoit éviter le feu s'il
ne s'accusoit avant de sortir pour l'Acte
de Foi.   Le Duc de *Cadaval* le trouva
fort embarassé & ne pouvoit ni parler
ni faire parler à ce Gentilhomme infortuné pendant qu'il étoit en prison, pour
le porter à sauver sa vie par un aveu.
Dans cet embarras, il pensa à un expé-
dient, qui étoit de tirer parole de l'Inquisiteur Général que s'il pouvoit engager *Peçoa* à confesser son crime même après sa sortie & pendant la Procession, on ne le feroit pas mourir.
Quoique cela fût contraire aux loix du
St. Office, le Duc *Daveira* ne pût s'empêcher de le lui promettre.   Aussitôt le
Duc de *Cadaval* qui savoit le jour que
devoit se faire l'Acte de Foi à *Coïmbra*,
fit partir de Lisbonne quelques-uns de ses
amis & de ceux de *Peçoa*, qui s'étant
postés à la Porte de l'Inquisition, s'ap-
pro-

prochèrent de leur malheureux ami aussitôt qu'ils le virent paroître. Ils se jettèrent à son col fondant en larmes & le priant au nom du Duc de *Cadaval* & par tout ce qu'il avoit de plus cher de penser à sauver sa vie. Ils lui communiquérent aussi la promesse que l'Inquisiteur Général avoit faite qu'il ne seroit pas exécuté s'il se confessoit, & l'assûrérent, de la part du Duc, qui les avoit envoïés, que la perte de ses biens ne lui devoit faire aucune peine puisqu'il avoit dessein de lui en donner plus qu'il n'avoit perdu.

Toutes leurs larmes, leurs promesses & leurs sollicitations n'ébranlèrent point *Peçoa* qui continuoit de dire tout haut, qu'il avoit toûjours été Chrétien, qu'il vouloit mourir tel, que tout ce dont on l'accusoit étoit autant de faussetés inventées par ses ennemis, & appuïées par l'Inquisition, pour profiter de ses dépouilles. Enfin la Procession arrivée au lieu destiné, on prêcha, on lût les procès, on donna l'Absolution à ceux des prisonniers qui avoient la vie sauve, & sur le soir on commença à lire les procès de ceux qui devoient être brûlés. Tous les amis de *Peçoa* & ceux que le Duc

avoit

avoit envoïés, rédoublèrent leurs instances à ce moment & le firent enfin consentir à demander audience. Il se leva donc en leur disant, allons donc avouer des faussetés pour satisfaire aux desirs de nos amis. Il fût ramené aussitôt dans la prison où, après beaucoup de peine, il signa sa confession, deux ans après il fût envoïé à *Evora* où il parût encore à l'Acte de Foi, & fût condamné à cinq ans de Galère outre les cinq ans qu'il avoit déjà passé dans l'Inquisition. Il apprit en sortant que sa femme & sa fille étoient mortes dans les prisons & que ses deux fils en étoient sortis, il y avoit déjà quelque tems, pour aller en exil dans les *Algarves*, où ils avoient été condamnés pour dix ans. Telle est l'avarice des Inquisiteurs dont nous avons encore une belle preuve dans l'Histoire suivante.

Histoire d'un jeune Anglois.

GOnsalvius Montanus nous dit qu'un Vaisseau Anglois, étant abordé au Port de Cadix, les Familiers du St. Office, suivant leur coûtume, allérent à bord, avant que personne eût mis pied à terre

pour

pour fouiller dans ce Vaisseau s'il n'y
avoit point de livres Hérétiques, ils se
saisirent de plusieurs Anglois, qui étoient
à bord & qui avoient donné des preuves qu'ils étoient de pieux Protestans.
Dans ce même Vaisseau il y avoit aussi
un jeune garçon d'onze à douze ans
fils d'un riche Marchand Anglois, à qui
on disoit que le Vaisseau & la meilleure partie de la Cargaison apartenoit.
Ils se saisirent de cet enfant sous prétexte qu'il avoit entre les mains les
Pseaumes de David en Anglois. Le
vaisseau & toute sa charge furent confisqués, l'Enfant avec les autres Anglois
conduits aux prisons de l'Inquisition de
Seville, où ils demeurèrent pendant 6.
ou 8. mois. Cet enfant qui étoit Fils
unique & par conséquent élevé avec
beaucoup de soin & de tendresse,
tomba dangereusement malade, soit d'a-
voir été renfermé dans une prison extrêmement humide, soit à cause de la
mauvaise nouriture qu'on lui avoit donnée, soit enfin d'ennui & de chagrin de
se voir éloigné de ses parens & si
cruellement maltraité innocemment. Il
perdit dans cette maladie l'usage des jambes & l'on n'a jamais pû découvrir, ce

 qu'il

qu'il étoit devenu. Si l'avarice eſt un des Vices dominans des Inquiſiteurs, le manque de bonne-foi, comme nous l'a-vons déjà vû, ne lui céde en rien, en voici encore une preuve.

Hiſtoire d'un Religieux.

UN Religieux de l'Ordre de St. *Domi-nique*, qu'on appelloit, Père *Hiacin-the*, avoit quitté ſon Couvent & ſon Ha-bit, comme on en voit encore beaucoup aujourd'hui, & depuis pluſieurs années vivoit d'une maniére très-diſſoluë. Com-me il avoit été pluſieurs années avec une femme qu'il aimoit beaucoup & dont il avoit eu pluſieurs enfans, la mort de cette chére Compagne le toucha ſi vive-ment que dès le moment il forma le deſſein de changer de vie. Pour cet effet, il réſolut de retourner à ſon Cou-vent & comme tous les Portugais & ſur tout les gens d'Egliſe qui ont fait quel-que ſéjour chez les peuples qu'ils nom-ment Hérétiques ou Infidelles, ſont obli-gés à leur retour de ſe préſenter à l'In-quiſition, & de faire une déclaration de la maniére dont ils ſe ſont conduits pendant leur abſence, ſous peine d'être arrêtez

&

& obligés de le faire par force. Ce Moine qui avoit peut-être quelque chose à se reprocher sur quoi le St. Office auroit pû trouver à 'mordre, jugea à propos, avant que de quitter *Surate* d'é-crire à l'Inquisiteur de Goa, pour en ob-tenir un sauf conduit, en allant s'accuser lui-même. Il lui fût envoïé d'abord. Il partit donc pour Goa, où il ne fût pas plûtôt arrivé qu'il se présenta aux Inqui-siteurs, qui après plusieurs examens, le renvoïérent au sous Vicaire Général de son Ordre, qui lui rendit l'Habit & le rétablit dans les fonctions de Prédicateur & de Confesseur. Ce Religieux croïoit ses affaires finies, & se disposoit à partir pour Balcain où étoit son Couvent, mais lorsqu'il étoit sur le point de s'embar-quer, il fût enlevé & renfermé dans les prisons de l'Inquisition, dont les mini-stres ne lui avoient accordé si facilement l'Absolution, qu'afin de mieux jouer leur coup. En effèt, ce Religieux trompé par ce pardon feint & dissimulé, avoit fait venir de *Surate* des effèts pour une somme assez considérable, qu'il avoit acquis pendant son séjour dans ce Païs & qui fûrent tous confisqués par l'Inquisi-tion. Ce qu'elle n'auroit pû faire sans le

 stra-

ſtratagême que les Inquiſiteurs emploïè-
rent en donnant à cet infortuné Religieux une parole qu'ils n'avoient pas
deſſein de tenir. Mais pour ſe diſculper
dans le public d'une action ſi noire, ils
firent adroitement courir le bruit, que
depuis ſon abſolution, on avoit découvert des crimes dont il ne s'étoit pas
accuſé.

Hiſtoire d'un Major Portugais.

UN Major d'un des plus beaux Régimens de Portugal, fût accuſé de
faire profeſſion particuliére de Judaïsme
& conduit à l'Inquiſition de Lisbonne.
Comme il étoit de race que l'on diſtingue
par le nom de nouveaux Chrêtiens,
c'étoit d'abord un fort préjugé contre
lui. On l'interrogea à pluſieurs repriſes
ſur la cauſe de ſa détention qu'il ne connoiſſoit pas lui-même. Il fût gardé de
cette maniére pendant deux ans, enfin
on lui dit qu'il étoit accuſé & convaincu
en dûe forme d'être Juif relaps. Ce qu'il
nia fortement, proteſtant qu'il n'avoit
jamais ceſſé d'être Chrêtien. En un mot
il ne voulût tomber d'accord d'aucun des
Articles dont il étoit chargé. Ni pro-
meſſes

meſſes, ni menaces ne fûrent capables de l'ébranler. Il déclara hardiment à ſes juges qu'il mourroit plûtôt Innocent que de conſerver ſa vie par une lacheté qui le couvriroit de honte éternellement. Le Duc *Daveira* pour lors Inquiſiteur Général, qui ſouhaitoit paſſionnement de ſauver la vie à cet infortuné Officier, faiſant un jour ſa viſite, l'exhorta fortement à faire uſage des moïens qu'on lui avoit propoſés, pour ſauver ſa vie, mais comme il continuoit à témoigner une conſtance inflêxible, l'Inquiſiteur Général offenſé de ſa réſiſtance, s'emporta contre lui juſqu'au point que de lui dire; penſes-tu que nous en aïons le démenti & ſe retira ſur le champ, laiſſant au priſonnier la liberté de faire ſes réfléxions là-deſſus. Enfin le jour de l'Acte de Foi s'approchant, il fût condamné aux flammes. On lui donna un Confeſſeur & on l'exhorta encore à avouër ce qu'on lui demandoit. L'approche de la Mort & plus encore du ſupplice affreux qu'il lui falloit ſubir, lui fît horreur & l'engagea à confeſſer un crime dont il n'étoit point coupable. Ses biens fûrent confiſquez, il fût obligé de marcher à la Proceſſion avec toutes les

en.

enseignes d'un Relap & enfin conduit pour cinq ans à la Galére.

Histoire de plusieurs Marchands Espagnols.

AU mois de Février de l'Année 1687., plusieurs personnes fûrent mises dans les prisons de l'Inquisition de Madrid, accusées de faire secrètement Profession de Judaïsme. *Diego*, *Antoine Daix* & Dom *Damianus de Lucena* étoient du nombre. Leurs effèts & leurs biens fûrent d'abord saisis & on prononça sentence contre eux, par laquelle non seulement tous leurs biens étoient confisqués, mais ils étoient eux mêmes envoïés à *Toledo* pour subir le reste de leur Sentence. Ces personnes négocioient avec *Pierre Poulle*, Marchand natif d'*Hollande* & Protestant, qui avoit entre les mains plusieurs effèts apartenant à ces Marchands Espagnols. Les Inquisiteurs, dans le dessein de s'en mettre en possession, quoiqu'ils ne fussent pas en leur pouvoir, découvrirent par des recherches sécrètes que cet Hollandois négocioit avec plusieurs autres Marchands Espagnols, qui avoient pour

lors

lors beaucoup de ſes effèts entre leurs mains. Ils ordonnérent donc au Receveur des biens confiſqués, de les ſaiſir tous juſqu'à la valeur des effèts que l'Hollandois avoit entre ſes mains apartenant à *Diego*, à *Antoine Daix* & à Dom *Damianus* de *Lucena*. Ils donnérent pour raiſon de cette violence, que les Marchands empriſonnés avoient des prétentions & des droits ſur les biens de l'Hollandois, leſquels étoient dévolus à l'Inquiſition, & qu'ainſi elle avoit le même droit que ſes priſonniers, de faire ſaiſir les effèts de l'Hollandois dans tous les endroits d'*Eſpagne* où elle pourroit les trouver, pour ſe rembourſer des effèts appartenant aux priſonniers. Cependant leurs efforts fûrent inutils, parce que les Etats Généraux à la requête des Marchands d'*Amſterdam*, obtinrent de la Cour de Madrid que ces effèts fuſſent rendus à Mr. *Pierre Poulle.* C'eſt ainſi que l'amour inſatiable des richeſſes, la cruauté & l'Injuſtice des Inquiſiteurs ſe manifeſtent par mille & mille endroits differens. Voïons à preſent des preuves autentiques de leur débauche, dont on connoîtra l'excès par les deux Hiſtoires ſuivantes.

L'In-

L'INQUISITION Excommuniée par un Officier *François* témoin, de la débauche des Inquisiteurs.

EN l'An. 1706, après la Bataille d'*Almanza*, un Corps de l'Armée *Françoise* composé de quatorze mille hommes, fût à la conquête de l'*Arragon* dont les habitans s'étoient déclarés pour l'Archiduc. Ce Corps de Troupes étoit commandé par le Duc d'Orleans, Généralissime de toute l'Armée. Avant que d'arriver devant cette Ville, les Magistrats fûrent à la rencontre de Son Altesse pour lui offrir les clefs de la Ville, mais il les refusa & leur dit, qu'il vouloit y entrer par la brêche, ce qu'il fît & traita les habitans comme rebelles à leur Roi légitime. Lorsqu'il eût donné ses ordres tant pour le Civil que pour le Militaire, il partit pour les Frontiéres de Catalogne, laissant le Lieutenant Général de *Jofreville*, pour Gouverneur de la Ville. Mais cet Officier étant d'un Caractère trop doux pour suivre à la rigueur les ordres qu'il avoit reçus de Son Altesse par rapport aux contributions, fût rapellé à l'Armée & le
Lieu-

Lieutenant Général de *Légal* prit la place. Cette Ville devoit païer mille écus par mois pour la table du Duc d'Orleans, & chaque Maison une Piſtole; ce qui par une ſupputation juſte, faiſoit dix huit mille Piſtoles par mois; & qu'ils fûrent obligés de païer pendant l'eſpace de huit mois. Outre cela les Couvens devoient païer une ſomme proportionnée à leurs revenus. Les Jeſuites fûrent taxés à deux mille Piſtoles, les Dominiquains, Auguſtins, Carmelites, & les autres, à chacun mille. Mr. de *Légal* envoïa prémiérement chez les Jeſuites qui refuſérent de païer, ſous prétexte, que c'étoit contre les Immunités de l'Egliſe. Mais Mr. de *Légal* qui ne connoiſſoit point ces ſortes d'excuſes, envoïa quatre Compagnies de Grénadiers vivre à diſcrétion dans leur Couvent. Les Pères dépêchérent d'abord un Exprès au Conſeſſeur du Roi; qui étoit auſſi Jeſuite, pour ſe plaindre de ces violences. Mais les Grénadiers faiſant leur Pillage & leur dégât avec plus de diligence & de promptitude, que le Courier ne faiſoit ſon voïage; les bons Pères ſe déterminèrent pour ſauver leur Tréſor & le reſte de leurs effèts qui n'avoient pas été endom-

magés

magés, à aller porter les deux mille Pistoles à Mr. de *Légal*.

Les Dominiquains qui font tous Familiers du St. Office, fe flattoient que cet emploi les mettroit à l'abri de toute recherche. Ils s'excuférent donc d'une maniére très-civile, aflûrant le Général qu'ils n'avoient point d'argent & que s'il infiftoit fur les milles Piftoles, ils ne pourroient lés païer fans lui envoïer les ftatuës des Saints qu'ils avoient en argent. Les Moines croïoient par cet offre rebuter Mr. de *Légal* & que s'il étoit aflez hardi pour l'accepter, ils porteroient les Saints en proceffion & révolteroient le peuple, en criant, Héréfie! Héréfie! Mr. de *Légal* répondit: qu'il étoit obligé d'obéïr au Duc, & qu'ainfi il acceptoit les Saints en païement, tellement que les Moines dans une proceffion folemnelle, tenant des Cierges en main, portérent les Saints au Gouverneur, qui n'eût pas plûtôt apris leur réfolution, qu'il ordonna à quatre Compagnies de Grénadiers de border les deux côtez de la ruë qui aboutiffoit à fa Maifon, de tenir d'une main leurs armes & de l'autre un Cierge allumé pour recevoir les Saints avec la même dévotion & la même véné-

nération qu'on les aportoit. Le Général les reçût & les envoïa à la Monnoïe,
donnant parole au Père Prieur de lui
rendre le surplus des milles pistoles. Les
Moines se voïant trompez dans leur pro-
jèt, fûrent trouver les Inquisiteurs pour
les prier de relâcher leurs Saints hors de
la monnoïe en excommuniant Mr. de
Légal ce qu'ils firent dans le moment.
L'Excommunication étant faite & signée,
ils donnérent ordre positive à leur Sécrètaire d'aller la lire en présence de
Mr. de *Légal*: celui-ci obéït aussitôt.
Mais le Gouverneur, au lieu de se mettre en colère, la prit avec beaucoup de
douceur des mains du Sécrètaire, & le
pria de dire aux Inquisiteurs, ses maîtres,
qu'il leur rendroit réponse le lendemain
matin. Le Sécrètaire se retira fort satisfait de la politesse de Mr. de *Légal* qui
ordonna dans le moment à son Sécrètaire
de faire une Copie de l'Excommunica-
tion & de mettre le nom des S^{rs}. Inquisiteurs à la place du sien.

Il ordonna en même tems à quatre Régimens de se tenir prêts & le lendemain
matin, il les envoïa à l'Inquisition avec
son Sécrètaire, lui donnant ordre de
lire l'Excommunication aux Inquisiteurs

Partie III.　　　　Q　　　　　　en

en perfonne, & qu'en cas qu'ils fiffent
le moindre bruit, de les mettre hors de
la Maifon, de relâcher les prifonniers &
d'y laiffer en quartier deux Régimens.
Le Sécrètaire fuivit ponctuellement les
ordres de fon Maître. Jamais rien ne
furprit fi fort les Inquifiteurs que de fe
voir excommuniés par une perfonne qui
n'en avoit pas l'autorité. Ils crièrent de
toute leur force dans le deffein de caufer
une Emeute, guerre contre l'hérétique
Légal, c'eft ici une infulte faite publiquement à la Foi Catholique: le Sécrètaire leur répondit. S⁺⁺. Inquifiteurs; le
Roi a befoin de cette Maifon pour y
mettre fes Troupes en Quartier, ainfi
vous n'avez qu'à en fortir au moment.
Comme ils fe répandoient en exclama-
tions, il les fit conduire fous une forte
efcorte dans une Maifon particuliére
deftinée à les recevoir. Voïant donc
que la difcipline Militaire s'exerçoit
contre eux fans aucun égard, ils demandérent la permiffion d'emporter quelques
effèts avec eux, ce qui leur fût accordé,
& dès le lendemain, ils partirent pour
Madrid à deffein de porter leur plainte au
Roi d'*Efpagne*. Mais ce Monarque fe
contenta de leur donner une réponfe

affez

affez vague, les exhortant à la patience ;
vertu qu'ils eurent le tems d'exercer
pendant huit mois que Mr. de *Légal* fût
dans l'*Arragon*.

Le Sécrètaire, conformèment aux ordres qu'il en avoit reçus de fon Maître,
ouvrit auffitôt les Portes de toutes les
Prifons. Ce fût alors que l'on découvrit la débauche des Inquifiteurs ; car
parmi quatre cent prifonniers qui recou-
vrèrent leur liberté ce jour-là, il y avoit
foixante jeunes Filles qui compofoient le
Serail des Inquifiteurs.

L'Archevêque prévoïant qu'une telle
découverte ne pouvoit manquer de
donner un très-vilain échec à l'honneur
& à la prétenduë Sainteté de ce Tribunal, fût chez Mr de *Légal* pour le prier
que les Filles fuffent envoiées dans fon
Palais Epifcopal afin de les mettre hors
d'état de divulguer un Secrèt dont l'honneur & le grand crédit de l'Inquifition
dépendoient. Le Gouverneur répondit
qu'il feroit ravi de l'obliger en tout ce
qui dépendroit de lui, mais que ces jeunes Filles n'étoient pas en fon pouvoir,
puifque les Officiers les avoient renvoïées
avec béaucoup de précipitation. L'Archevêque remédia cependant à cet in-

con-

convénient, en faisant publier que tous ceux qui diffameroient sur des raports mal fondés le St. Office, encoureroient les cenfures Eccléfiaftiques.

GAVIN auteur du paffe par-tout de l'Eglife Romaine, certifie que voïageant en *France* quelque tems après, il rencontra une de ces Filles à *Rochefort* dans la même *Auberge*, où il fût loger, & qui avoit été envoïée par le Fils du maître de la Maifon, qui étoit Lieutenant dans un Régiment des Troupes de *France* qui étoient alors en quartier à *Arragon*. Il nous affirme de plus qu'il la connoiffoit avant qu'elle eût été à l'Inquifition, que fon Père étoit le Confeiller *Balabriga*, qui étoit mort de chagrin fans en avoir ofé découvrir la caufe, pas même à fon Confeffeur, de crainte de s'expofer à la vengeance des Inquifiteurs. Voici la maniére dont il continuë fa narration.

J'étois ravi de trouver dans mes voïages des perfonnes de mon Païs. Mais comme celle-ci ne me reconnoiffoit pas, étant déguifé fous un habit qu'elle prenoit pour celui d'un Officier, je réfolu de féjourner à *Rochefort*, afin d'avoir la fatisfaction de converfer avec elle. L'oc-

L'occasion s'en trouva extrêmement favorable, son mari que l'on appelloit Mr. *Faulcaut*, étoit allé à *Paris* pour solliciter une Commission & son beau-Père par considération pour sa belle fille, comme j'étois de son païs, m'invita à souper à leur table. Après quoi je la priai de me dire les raisons pour lesquelles elle avoit été mise en prison, & de me faire une relation de tout ce qu'elle avoit souffert & de tout ce qu'elle savoit de l'Inquisition elle y consentit, & me parla de la maniére suivante.

Histoire d'une jeune Demoiselle mise à l'Inquisition, uniquement pour avoir plû à un des Inquisiteurs.

UN jour que je fûs avec ma Mère rendre visite à la Comtesse d'*Attrafs*, son Confesseur Dom *Francisco Torrejon* second Inquisiteur, y étoit aussi malheureusement pour moi. Il me fît plusieurs questions qui me parurent très-embarassantes sur ma Religion, me demanda mon âge & le nom de mon Confesseur. Son air sérieux & austére me fît peur, & me mit hors d'état de pouvoir lui répondre. Il pria la Comtesse de me dire qu'il n'étoit pas si sévère que je le croïois. Ensuite il me fit des caresses de la maniére la plus obligeante. En sortant, il me donna sa main que je baisai avec beaucoup de respect & de modestie, & me dit, mon chèr enfant, je me resouviendrai de vous jusqu'à ce que je vous revoïe. Je ne fis pas attention au sens que ces paroles renfermoient. Comme je n'avois que douze ans, j'étois sans expérience du Monde.

Le même soir, je vis à mon grand regrèt, qu'il ne m'avoit pas oublié. J'entendis de mon lit, où j'étois alors, qu'on frapoit avec beaucoup de force à la porte de nôtre Maison, & je reveillai la servante qui couchoit dans ma chambre, & qui mît aussitôt la têre à la fenêtre demandant qui frapoit. J'entendis qu'on lui répondit la Ste Inquisition. Alors je ne pûs m'empêcher de crier à haute voix, mon Père, mon Père, je suis perduë pour toûjours.

Mon chèr Père se leva pour s'informer de la cause de tout ce bruit. Je lui répondis fondant en pleurs, c'est l'Inquisition. Aussitôt il courût lui-même à la Porte de crainte que la servante ne fût trop longtems à l'ouvrir, & comme un
autre

autre *Abraham*, il offrit la fille au feu des Inquiſiteurs. Il alla même juſqu'à me mettre quelque choſe dans la bouche pour empêcher mes cris; car j'étois alors comme une inſenſée, & mon Père, qui croïoit que j'avois commis quelque crime contre la Ste Religion, s'empreſſoit de montrer ſon obéïſſance au St. Office, en me chaſſant hors de ſa Maiſon.

Les Officiers ne me donnérent que le tems de mettre une Juppe & une Manteline, & m'emmenérent auſſitôt à l'Inquiſition ſans me donner le tems d'embraſſer ma chère Mère. Etant arrivée dans cette fatale priſon, je fûs contre mon attente introduite dans un très-bel appartement & fort bien meublé; les Officiers m'aïant quittée, une ſervante entra avec des rafraichiſſemens dont je ne pûs goûter dans la ſituation triſte, où je me trouvois, me figurant toûjours que je devois mourir ce ſoir-là. Mais cette Fille me raſſûra un peu par les belles Eſpérances qu'elle me donna, m'aſſûrant que je n'avois pas été amenée dans ce lieu pour y être miſe à mort, mais plûtôt pour y être traitée comme une Reine; qu'il ne me manqueroit rien

au

au monde que la liberté de pouvoir fortir; qu'ainsi je devois me coucher jufqu'au lendemain que je verrois des chofes extraordinaires. Elle me renvoïa
jufqu'à ce tems à m'éclaircir fur quelques
queftions que je lui fîs, & me quitta
pour quelques momens, difant qu'elle
alloit donner ordre à quelques affaires
avant de venir fe coucher dans un Cabinèt qui étoit à côté de ma Chambre.

La grande furprife où j'étois alors,
m'ôta l'ufage de mes fens à un tel point,
qu'il n'étoit pas en mon pouvoir de réfléchir fur le chagrin où devoient être
mon cher Père & ma chére Mère, ni
fur le danger où je me trouvois. La
fervante étant de retour, je lui demandai fon nom. *Marie* eft mon nom, me
dit-elle, & j'efpére que je mériterai
vôtre bienveillance par les foins que
que je prendrai de vous bien fervir.
C'eft l'ordre que mon maître m'a
donné.

La crainte de la mort m'empêcha de
fermer les yeux de toute la nuit. Je me
levai à la pointe du jour, & *Marie* à fix
heures, qui fût fort furprife de me
trouver debout. Une demie heure après,
elle m'aporta à déjeuner ; enfuite une
che-

chemife, des juppes, des rubans, des coëf-
fures en un mot tout ce qui eft néceſ-
faire pour parer une Dame ſuperbement
& pour une belle toilette. Mais ce qui
me ſurprit infiniment, fût de trouver
parmi ces habits une Tabatiére d'or dans
laquelle étoit gravé le Portrait de Dom
Francifco Torrejon. *Marie*, lui dis-je,
comme je n'ai pû aporter mes hardes
hier au ſoir, j'accepte volontiers celles
que ſa Seigneurie a eû la bonté de m'envoïer, afin que je puiſle paroître d'une
maniére déçente, mais comme je ne
prends point de Tabac, je vous prie de
rendre à vôtre Maître la Tabatiére, en le
remerciant de ma part.

Dès lors je commençai de ſoupçonner
les cauſes de ma détention, & je fîs
réflêxion qu'en refuſant les Préſens, je
m'expoſerois au reſſentiment du St. Père
qui me feroit ſubir une mort cruelle.
Mais auſſi je conſidérois qu'en les accep-
tant, je lui donnois de trop grandes eſpérances, & qu'il pouroit tout entrepren-
dre. C'eſt pourquoi je réſolu de prendre
un milieu, qui me mettroit à l'abri de
l'une & de l'autre de ces extrêmités.

Marie fût donc faire mon meſſage &
revint avec un Portrait monté en or &

il y avoit quatre gros Diamans, à chaque coin du Cadre. Pendant que j'étois
à faire réflêxion, sur ce que je ferois,
ma fidèle servante me dit : Je vous prie,
Madame, de suivre mon petit avis. Re-
cevez le Portrait & tout ce que Dom
Francisco vous envoïera, & faites attention que, si vous ne vous soumettez pas à
tout ce qu'il souhaitera, il vous fera
bientôt mourir, sans que personne puisse
l'en empêcher. Mais si vous l'obligez,
c'est un homme fort complaisant, il sera
un Amant tendre & qui vous traitera
comme une Reine. Ainsi je vous conseille de lui envoïer une réponse civile,
& de le prier de vous accorder l'honneur
d'une visite, autrement vous pouriez
bientôt avoir sujèt de vous en repentir.

O Dieu! m'écriai-je, faut-il que je per-
de mon honneur sans ressource, ou que
je me voïe périr misérablement si je veux
m'y opposer. Remplie de confusion,
je dis à ma servante, ou plûtôt à la digne intendante d'un si saint Lieu, & des
plaisirs des Inquisiteurs, de lui donner
telle réponse qu'elle jugeroit à propos.
Elle fût aussitôt rendre compte à Dom
Francisco de ma soûmission & revint

quelque

quelques minutes après, me faire part
de sa joïe & m'apprendre que j'aurois
l'honneur de souper avec sa Seigneurie ;
ajoûtant en même tems ces paroles. Madame, je peux à présent vous appeller ma
Maîtresse, permettez-moi de vous dire
que j'ai été quatorze ans dans le St. Office, que j'en sai toutes les coûtumes,
mais que je n'oserois vous communiquer
autre chose que ce qui vous regarde sous
peine de mort. Je vous conseille donc
de ne point vous opposer aux volontés
du St. Père, de ne point faire de questions aux jeunes Demoiselles, que vous
pouriez voir ici, & de ne point leur
parler du tout de ce que vous aurez vû.
Quand le tems que vous devez rester ici
sera écoulé, les Sts. Pères vous envoïeront
à la Campagne, & vous feront marier à
quelque Seigneur. Ne faites jamais
mention de vôtre nom, ni de celui de
Dom *Francisco.* Enfin si vous rencontrez
ici quelqu'un de vôtre connoissance, ne
le faites pas connoître & ne parlez ensemble que de choses indifférentes. Elle
se retira après m'avoir donné tous ces
avis, qui me surprirent extraordinairement ou plûtôt qui me jettèrent dans
un étourdissement si grand, que je re-
gar-

gardois tout ce qu'elle venoit de me
dire, comme l'effèt d'un Enchante-
ment, que je tâchai de diſſiper par la
lecture de quelque livre amuſant, dont
je trouvai un grand nombre dans un
Cabinèt.

Sur les ſept heures du ſoir, Dom
Franciſco vint me voir en robe de
chambre & en bonet. Il n'avoit plus
cette gravité d'un Inquiſiteur. Mais
plûtôt la gaïeté d'un Officier. Il me
ſalua avec beaucoup de réſpect & me
dit en même tems que, l'eſtime qu'il
avoit pour ma famille, étoit la raiſon
qui l'avoit porté à venir me rendre
viſite, & m'aprit que quelques-uns de
mes Amans, étoient la cauſe que j'étois
ruïnée pour toûjours, m'aïant accuſée
au St. Office, pour des faits qui regardoient la Religion, que l'on avoit fait
déjà les informations, & que bien plus,
ma ſentence avoit été prononcée, qui
portoit que je devois être miſe dans
une poële pour y être brûlée par un
feu graduel, & qui auroit été déjà
exécutée s'il ne l'avoit emp... par
pitié & par amour pour ma famille &
pour moi-même.

Chacune de ſes paroles étoit un coup

de

de poignard, qu'il enfonçoit dans mon cœur. Je me jettai à ses pieds & lui demandai s'il en avoit arrêté l'exécution pour toûjours. Il n'y a que vous, me répondit-il, qui puissiez le faire. Alors il se retira en me souhaitant le bon soir.

Il ne fût pas plûtôt sorti que je m'abandonnai à mon chagrin, & je fondois en larmes, lorsque *Marie* entrant dans ma Chambre m'en demanda la cause. Oh, ma chère *Marie*, lui dis-je, faites moi la grace de m'expliquer, ce que c'est que la Poële & le Feu graduël dans lequel je devois mourir. Madame, me répondit-elle, n'aïez pas peur, vous verrez cette Poële & ce feu Graduël. Ils font deftines uniquement pour ceux qui s'oppofent aux volontés du St. Père, & non point pour vous qui voulez vous y conformer. Dites moi, je vous prie, fi Dom *Francifco* a été fort obligeant. Je ne le fai, lui dis-je, car il m'a mit hors de moi-même par fon difcours. Il m'a d'abord falué avec beaucoup de refpect & de politeffe. Mais il m'a quitté fubitement. Hé bien, me dit *Marie*, vous ne connoiffez pas encore fon temperament. Il eft fort civil à ceux qui
lui

font obéïſſans, mais il a auſſi peu de Compaſſion que *Neron* pour ceux qui s'op-poſent à ſes volontés. Ainſi, pour l'a-mour de vous même, aïez ſoin de l'obli-ger à toutes ſortes d'égards. Tous ces diſcours & l'idée de la Poële m'otérent l'uſage du manger & du dormir.

Le lendemain *Marie* ſe leva de bon matin & me dit que, comme il n'y avoit encore perſonne de levé dans la Maiſon, ſi je voulois lui promettre le Secrèt, elle me montreroit la Poële & le Feu graduël. Elle me conduiſit dans une grande Salle baſſe, dont la Porte étoit d'un fer fort épais. Elle m'y fît voir un Four dans lequel, il y avoit un grand feu & une Poële de cuivre de la longueur d'une perſonne avec un couvercle de même métail & une ſerrure pour la fermer. Elle me dit alors, on en fait uſage pour les Hérétiques, & ceux qui s'oppoſent aux volontés des Sts. Pères. On les mèt tous nuds & en vie dans cette Poële & lorſqu'elle eſt fermée, l'Exécuteur com-mence à faire un petit feu dans le Four, qui s'augmentant par dégrés, échaufe la Poële à un point qu'elle réduit la perſon-ne en cendre. Elle me fît voir enſuite une Rouë remplie de raſoirs tranchans,

&

& une fosse remplie de Serpens & de Crapaux dans laquelle on jettoit une autre sorte de Criminels. Enfin elle me promit qu'elle me feroit voir un autre jour d'autres Instrumens de supplices & de tortures.

Ce que je venois de voir m'avoit mis dans une telle Agonie que je la remerciai de ses offres, je remontai avec beaucoup de peine dans ma chambre, où elle me laissa après m'avoir exhorté à me soûmettre aux volontez du St. Père, pour éviter le feu graduël, dans lequel je pouvois compter de finir mes jours, si je tenois une conduite opposée. Cette Poële & ce feu graduël avoient fait une si horrible impression sur moi, que je promis à *Marie* de suivre ses avis.

Permettez-moi donc à présent de vous habiller, me dit-elle ; vous irez ensuite donner le bon jour à Dom *Francisco* & vous déjeunerez avec lui. Lorsque je fûs habillée elle me conduisit le long d'une Galerie au bout de laquelle étoient ses appartemens. Comme il étoit encore au lit, il me fit asseoir à côté de lui & ordonna à *Marie* d'aporter le Chocolat dans deux heures. Il me déclara d'abord sa passion en des termes si forts & si pressans que je n'eûs pas la

force

force ni le pouvoir de m'opposer à sa
volonté. Je ne lui refusai rien, en un
môt en éteignant le feu de sa passion, je
crûs me mettre à l'abri de la Poële & du
feu graduël. Lorsque *Marie* revint,
j'avois une honte inexprimable de ce
qu'elle me voïoit au lit avec Dom *Francisco*; mais on auroit dit qu'elle me
respectoit davantage: car s'approchant
de moi & se mettant à genoux, elle me
fît les mêmes hommages que si j'avois
été une Reine. Elle me servit la prémière une grande tasse de Chocolat, me
priant d'en présenter une autre à Dom
Francisco, qu'il reçût très-poliment.
Nous restames encore quelque tems au
lit à parler de choses indifferentes &
enfin je me levai. *Marie* me conduisit
ensuite dans une chambre parfaitement
bien meublée, & qui avoit la vûë sur la
Rivière & sur de forts beaux Jardins.
Un moment après, je vis entrer une
Troupe de jeunes & charmantes Dames
fort bien habillées, qui m'embrassérent
l'une après l'autre en me félicitant. Je
fûs si surprise que je ne pûs répondre à
leurs Complimens. Une d'entre elles
s'étant aperçûë de mon Silence me dit,
Madame, la solitude de cet endroit vous
fera

fera de la peine dans les commencemens mais quand une fois vous aurez goûté les plaifirs & les amufemens dont nous jouiſſons ici, vous perdrez votre humeur fenfible & mélancolique. Nous vous prions de venir diner avec nous ce qui dans la fuite continuera deux fois la femaine. Je les remerciai de leur politeſſe & nous fumes diner, je comptai à table ce jour-là cinquante deux jeunes Dames dont la plus agée n'avoit pas vingt quatre ans. Six fervantes les fervoient toutes & *Marie* étoit uniquement à mon fervice. Nous nous promenames l'après-diné enfemble dans l'Intérieur de la partie du bâtiment que nous occupions & à huit heures du foir chacune fe retira dans fa chambre.

Marie vint me dire que Dom *Francifco* m'attendoit dans fon appartement. Je m'y rendis, & le foupé étant prêt, nous nous mimes à table. Il n'y avoit que *Marie* pour nous fervir qui fe retira fitôt que la table fût levée, & Dom *Francifco* & moi fûmes nous coucher.

Le lendemain matin, je trouvai dans ma chambre deux habits d'un Brocard très-riche & tout le refte de l'ajuftement y étoit proportionné par fa beauté & fa richeffe. J'en mis un ce jour-là & toutes les autres Demoifelles vinrent encore me feliciter plus richement habillées que le jour précedent. Nous paffames le refte de la journée dans les mêmes divertiffemens & Dom *Francifco* avoit pour moi les mêmes maniéres obligeantes. Mais le quatrième jour, *Marie* me dit, après avoir bû le Chocolat avec lui, qu'une Dame m'attendoit dans ma chambre, & m'ordonna de me lever, avec un air d'autorité. Comme Dom *Francifco* ne s'y oppofoit pas, je lui obéïs, & le laiffai au lit. *Marie* me conduifit auffitôt dans la Chambre d'une des Demoifelles du Serail. C'étoit une véritable prifon. Elle me dit que c'étoit là ma chambre & que cette jeune Demoifelle logeroit & coucheroit avec moi & fans autres Céremonies elle me quitta.

Alors, m'adreffant à ma Compagne, je lui dis eft-ce ici, Madame, un lieu enchanté ou un enfer? J'ai perdu mon honneur, & mon ame pour toûjours. Ma chère Compagne me voïant dans cette trifteffe mortelle, me prit par la main & me dit, ma chère fœur, car c'eft là le nom que je vous donnerai d'orenavant, moderez vos pleurs & vos chagrins, car par une conduite pareille vous ne pouvez que vous attirer une mort cruelle,

cruelle, vos malheurs & les notres font de même nature, vous ne fouffrez rien que nous n'aïons fouffert avant vous, mais nous n'ofons faire connoître nos fentimens, de crainte de nous attirer de plus grands maux. Prenez courage, & éfpérez en Dieu, qui nous retirera certainement de ce lieu infernal. Mais fur toutes chofes, ne faites point connoître vos chagrins à *Marie*, qui eft l'Inftrument de nos tourmens, ou de nos confolations. Aïez patience jufqu'à ce que nous foïons couchées. Alors je vous dirai quelque autre chofe qui fûrement contribuera beaucoup à vous tranquilifer. J'étois dans un état des plus defespérés, mais ma nouvelle fœur gagna fi fort fur mon efprit, que je furmontai mon chagrin. Avant que *Marie* vint nous apporter notre diné, quand elle eut defervit & que la porte fût fermée à clef, à préfent me dit ma Chére *Leonora*, (c'étoit le nòm de ma Compagne, perfonne ne nous interompra jufqu'à huit heures du foir; ainfi fi vous voulez me promettre de garder le Secrèt, pendant que vous ferez dans cette Maifon, fur tout ce que je vous dirai, je vous déclarerai

R 2

tout

tout ce que j'en fai. Je lui jurai le fecrèt après quoi elle me tint ce difcours.

Ma chère fœur, vous vous croïez très-malheureufe, mais je vous affûre que toutes les Demoifelles que vous avez vûës, ont paffé par les mêmes épreuves. Vous faurez avec le tems l'Hiftoire de chacune d'elles, comme elles efpérent que vous leur apprendrez la vôtre. Je fuppofe que *Marie* a été le principal Inftrument de toutes vos terreurs, qu'elle vous a fait voir des lieux affreux auffi bien qu'à nous, que la feule penfée des tourmens a répandu fur vous une terreur mortelle, qui vous a obligé de faire ufage des mêmes moïens que nous, pour vous râcheter de la mort dont on vous menaçoit. Nous favons auffi parce qui vous eft arrivé, que Dom *Francifco* a été votre Neron. Car les trois différentes couleurs de nos habits font les marques diftinctes des trois S^{ts}. Pères, les Inquifiteurs. La Couleur rouge apartient à Dom *Francifco*, la bleuë à *Guerrero*, & le verd à *Aliaga*. Ainfi chacun d'eux fait porter fa couleur aux Demoifelles qu'ils font amener ici pour leurs plaifirs. On nous recommande toûjours très expreffément de témoigner pendant trois

jours

jours toute la joïe imaginable, lorsqu'une jeune personne victime de la brutalité de ces Monstres, est ammenée dans ces lieux. Il faudra que vous fassiez pour les autres ce que nous avons fait pour vous. Après quoi nous vivons comme des prisonniéres sans voir aucune personne que les six servantes & *Marie* qui est l'Intendante de la Maison. Nous dinons toutes ensemble deux fois la semaine dans la grande Salle. Lorsque quelqu'un des Saints Pères a envie de voir une de ses esclaves & de passer la nuit avec elle, *Marie* vient la chercher à neuf heures & la conduit à son appartement. Mais comme ils en ont un si grand nombre, leur tour ne vient guères, qu'une fois par mois. A moins qu'il n'y en ait quelqu'une qui leur plaise davantage que les autres, car alors son tour vient plus souvent. Quelquefois *Marie* laisse la porte de nos chambres ouverte, ce qui est une marque qu'un des Pères a envie de venir ce soir-là. Mais il garde un si profond silence que nous ne pouvons pas savoir si c'est notre Patron ou non. Si quelqu'une d'entre nous devient grosse, on la mêt dans une meilleure chambre, & elle ne voit personne que

la

la servante, jusqu'à ce qu'elle soit accouchée. Au moment même on emporte
l'Enfant sans que nous sachions ce qu'il
devient. J'ai été six ans dans cette
Maison, & je n'en avois pas quatorze,
lorsque les Officiers de l'Inquisition m'ont
enlevée de la Maison de mon Père. J'ai
eu ici un Enfant, dont j'ignore le sort.
Nous sommes à présent au nombre de
52 jeunes personnes & tous les ans, nous
en perdons six ou huit, mais nous ne
savons pas où on les envoïe. Elles sont
toûjours remplacées par de nouvelles.
J'en ai vû ici jusqu'à soixante & treize
toutes à la fois. Ce qui nous tourmente
continuellement, c'est la pensée qu'aussitôt que les S^{ts}. Pères sont ennuïés de
nous, il nous mettent à mort, pour éviter qu'on ne découvre leurs infames pratiques. Ainsi comme nous ne pouvons
pas nous opposer à leurs volontés, nous
ne laissons pas de prier Dieu sans cesse
pour qu'il daigne nous pardonner les péchés qu'ils nous forcent de commettre,
& nous fasse la grace de nous délivrer de
leurs mains. Armez vous donc de Patience, ma Chère Sœur, il n'y a pas d'autre remède.

Ce discours de *Leonora*, fit qu'exté-
rieu-

rieurement je paroiſſois contente devant *Marie.* J'eus lieu de me convaincre dans la ſuite que tout ce qu'elle m'avoit dit, étoit vrai. Car pendant 18. Mois que je reſtai avec *Leonora*, nous perdimes onze de nos ſœurs & il en revint 19. nouvelles. Après ce tems-là, *Marie* entra un ſoir dans nôtre chambre & nous ordonna de la ſuivre. Nous décendimes & nous trouvâmes un Caroſſe dans lequel on nous mit. Nous étions dans un chagrin mortel, croïant que c'étoit le dernier jour de notre vie. Cependant on nous conduiſit dans une autre Maiſon, où nous fûmes logées dans une chambre qui avoit toutes les horreurs d'un cachot. Après y être reſtées deux mois, on nous tranſporta encore dans une autre plus affreuſe, où nous demeurames juſqu'à ce que nous fûmes miraculeuſement délivrées par des Officiers *François.* Mr. *Foulcaut* heureuſement pour moi, ouvrit la Porte de ma chambre, & dès le moment qu'il me vît il me témoigna beaucoup de reſpect & d'amitié. Il m'emmena avec *Leonora* dans ſon appartement & quand il eût appris nos Hiſtoires, il eût la précaution pour plus grande ſûreté de nous déguiſer en habit d'homme, & de nous envoïer chez ſon

Père

Père où j'ai été entretenuë comme sa propre sœur, jusqu'à ce que, son Régiment étant réformé, il revint dans la Maison Paternelle & m'épousa au bout de deux mois. *Leonora* a été aussi mariée à un autre Officier d'*Orleans*. J'espére que, comme c'est sur la Route d'ici à *Paris*, vous lui rendrez visite de même qu'à mon Mari qui est à présent à la Cour de *France* pour y solliciter une autre charge dans le Militaire ou, plûtôt une commission dans le Civil, & qui sera charmé de vous voir.

www.ingramcontent.com/pod-product-compliance
Lightning Source LLC
LaVergne TN
LVHW020153030726
842520LV00003B/718